# ルポ　国際ロマンス詐欺

水谷竹秀
Mizutani Takehide

小学館新書

# プロローグ

騙されたと気づいた瞬間、シングルマザーの町田美穂（仮名、48歳）は頭が真っ白になった。絶望感に打ちひしがれ、ベッドから立ち上がれなかった。

「これからどうやって生きていけばいいのかと思いました。親や友人にも借金をしてしまい、コロナ融資も注ぎ込んでしまいました。だから返さないといけない。自己破産しないといけないのかな。それとも生活保護を受けることになるのかな……」

東京都内のマンションの一室で、彼女は当時の心境をそう振り返った。

被害額は4600万円。

その内訳は、最初の振り込み金額から順番に、100万円（2021年5月23日）、400万円（5月26日）、900万円（5月31日）、500万円（6月5日）、700万円（6月8日）、1000万円（同日）、1000万円（同日）。

これは私が実際に目にした入金記録だ。マッチングアプリで相手と知り合ってからわずか2週間のうちに、それだけの大金を暗号資産（仮想通貨）の購入に注ぎ込んでしまい、詐欺だと知った時には後の祭りだった。

「いっそのこと新型コロナウイルスのワクチンを打たないでおこうと思いました。詐欺に引っかかって自殺なんかしてみんなを悲しませるより、コロナに感染して亡くなったほうが楽だろうなと」

美穂が詐欺被害に遭ったのは、自称、フランス人男性のポールから、暗号資産の投資に勧誘されたのがきっかけだ。ポールから優しい言葉を掛けられ、その気にさせられてしまった。やがて蟻地獄にはまり込む。

この詐欺は、日本のメディアでこう呼ばれている。

国際ロマンス詐欺——。

SNSやマッチングアプリで偽の人物を装い、恋愛感情を抱かせて金銭を騙し取る特殊詐欺の一種だ。もとはアメリカやイギリスなどの英語圏で相次いだ被害が「Romance scam」として報道されたことに由来してそう呼ばれるようになった。

その言葉を私が初めて耳にしたのは、２０１８年の初夏だった。当初はそれほど報道されていなかったが、目立つようになったのは翌19年からだ。そして新型コロナウイルスの発生を機に被害者が急増していく。

私が取材をスタートさせたのは２０２０年秋だ。動機は、これまでの取材で得られた視点が活かせるだろうと思ったからである。私はかつて、若いフィリピンパブ嬢にハマって南国へ渡り、散財して無一文になった「困窮邦人」と呼ばれる日本人男性たち、あるいはタイの首都バンコクで男娼に入れ込んだ日本人女性たちの群像を本にまとめた。それ以降、日本人と海外、あるいは日本人とアジア人との関係性を通じて、日本社会を外側から描いてきた。国際ロマンス詐欺も、「日本人と外国人」という関係性の上に成り立つ犯罪なのだ。

独立行政法人国民生活センターによると、国際ロマンス詐欺に関する相談件数は２０１９年度の72件から20年度には６７８件、21年度には１７０１件へと跳ね上がった。いずれの年も相談件数は男性のほうがやや多く、６割前後である。年齢層も10代〜70歳以上と幅広く、老若男女を問わない。この背景には出会いの場をマッチングアプリに求める人々が増えている上、コロナによって対面で会う機会が減ったことなどがある。22年度には941件に減ったが、ロマンス詐欺が横行している実態は変わっていないと見てよいだろう。同種の事件が広く知られるようになり、被害者が同センターではなく警察署や弁護士事務所へ駆け込んだ可能性や、被害金を回収できないからとセンターに相談していないケースなども考えられるからだ。

22年6月には、1件の詐欺被害額としては「破格」の事例が報じられた。被害者は山梨県在住の50代男性で、中国に住む女性を名乗る人物からSNSのメッセージが届き、やり取りを重ねて投資話を持ちかけられた末、指定された口座に総額で1億5400万円も振り込んでしまった。

多くの被害者に共通するのは、一度もプロフィールの人物と面会をしたことがなく、メッセージの交換だけで信じ込まされてしまう点だ。SNS上のやり取りだけで完結している手口に、この犯罪の特徴が現れていると言えよう。

会ったこともない、まともに声を聞いたこともない相手に、なぜいとも簡単に騙されてしまうのか。そして数百万から数千万、場合によっては億単位のお金を奪われてしまうのか——。被害者たちの声を拾ってみると、晩婚化や生涯未婚率の増加、独身中高年の寂しさなど、現代日本社会の問題が透けて見えてくる。

一方の犯人は一体、何者だろうか。

犯人が被害者へのアクセスに使うのは、マッチングアプリに加え、インスタグラムやフェイスブックなどのSNSも含まれる。そのプロフィール写真は、容姿端麗な欧米系が多く、最近は韓国や中国などのアジア系も増えている。日本人が使われるケースもある。写真はいずれも実在する人物だが、犯人がインターネットから無断で流用していた。つまり彼らは、〝他人の仮面をかぶった詐欺師〟である。職業は軍人、医師、実業家、金融関係などで、裕福な「勝ち組」を装っているが、実際の姿は異なるのだ。

取材を重ねていくと、犯人たちは、日本から直行便で約20時間離れた、ナイジェリアやガーナなどの西アフリカを中心に暗躍している実態が分かった。彼らの活動拠点はタイやマレーシアなどアジア域内にも広がり、最近では中国人、そして日本人の関与も明らかになって多様化している。中でもその発祥の地とされるナイジェリアでは、サイバー犯罪が従来から深刻な社会問題になっており、それが近年ではロマンス詐欺の横行につながっているのである。

２０２３年２月、私はナイジェリアへ飛んで犯人たちの実像に迫った。彼らはどういう立場、階層の人々で、なぜロマンス詐欺に手を出し、いかなる手口で被害者から金を騙し取るのか。そして、その金でどんな暮らしをしているのか。

「ロマンス詐欺は犯罪だと思っていない。あくまで生活をするための仕事という認識だ」

「狙う相手は60代以上の高齢者だ。ＳＮＳ慣れしていないし、彼らは寂しいから騙しやすいんだよ」

「大金を騙し取られても、相手の外国人は先進国にいるから政府が支援してくれるだろう。私たちは国が助けてくれないんだ」

国際ロマンス詐欺犯たちが私の前で口々に語った言葉——。手口を語る最中に、くすくすっと無邪気に笑う犯人もいた。ショックで立ち上がれなくなり、やり場のない怒りを抱え、悔しさで涙を流す被害者たちの姿とは、あまりにも対照的に映った。

ナイジェリアで出会った彼らは、私がそれまで想像していた「犯人像」とは全く異なる人間たちだった。

# ルポ　国際ロマンス詐欺　目次

# 第3章 ◉ 暗号資産に目が眩み……。

「子供も産めない40過ぎ」の憂鬱
2人の将来のために
消費者金融で借金
「所得税」の請求
結婚相談所に駆け込んだ50男
高齢の母を気遣う〝優しさ〟
振り込み続ける心理
胸が締め付けられた母の言葉
4600万円失った40代シングルマザー
〝模擬取引〟で信頼させる
打ち出の小槌のように
借金の依頼で友人失う
父に借りた2700万円も溶かす
人間をやめたい
恨み続ける20代女子

〔凡例〕

●年齢や肩書きは取材当時のもの。
●外国通貨も取材当時のレートで換算した。
●仮名で表記した人物については、本文中で言及した。
●出典については、最後に主要参考文献として記した。
●写真は特に明記のない限り、著者撮影。
●本書の一部は「週刊新潮」と「女性セブン」に掲載したレポートをもとにした。

# 第1章

# 会ってもないのに騙された

## 夫がいても心が揺れた30代女性

エア恋愛――。

ネット上のメッセージ交換だけで、一度も会っていない相手に本気になる恋愛のことだ。目の前で相手の表情や仕草を確認することもなく、その温もりすら感じられない。にもかかわらず、言葉を交わすだけで心を寄せてしまうという関係が、果たして成立するのだろうか。そんな疑問に「答え」を与えてくれる1人の女性に出会った。

「このままうまくいけば、夫とはもう終わってもいいとまで思っていました。相手のことを結構信じていましたし、本気でした。恋愛感情を持ってしまったんです。メッセージをやり取りする中で、私の子供のことを常に気にかけてくれたのも、相手に気を許す原因になりました」

素直な気持ちをこう吐露するのは、明るいロングヘアの宮本香奈（仮名、37歳）。美容関係の仕事をしながら、夫と4歳の息子と3人で関東地方に暮らしている。その始まりはある日、香奈のインスタグラムに、見知らぬ外国人男性から届いた英語のこんなメッセージだった。

「ハロー！　ビューティフル！」

プロフィールの顔写真は、ブロンドヘアに青い瞳、鼻が高く、彫りの深い顔立ちをした欧米系のイケメンだ。「アズニー」と名乗るその男性は、4歳年上の41歳で、米国カリフォルニア州ロサンゼルス在住のエンジニアだという。最初は興味本位で返信をしていたが、

スマホを手に被害を語る香奈

間もなくアズニーはインスタグラム上でLINEのIDを聞き出し、本格的にメッセージを送ってくるようになった。

「僕の父親はスウェーデン人で、母親はタイ人なんだ。母親は5歳の時に亡くなっているよ」

そんな生い立ちを説明し始めたアズニー。メッセージはすべて英語だ。香奈は私立大学を卒業してはいたものの、それほど英語に堪能ではない。このため、アズニーからのメッセージは翻訳アプリを使って日本語に変換していた。

近年、ネットでは様々な翻訳アプリが紹介されている。

翻訳できる言語も英語やフランス語、中国語はもちろんのこと、トルコ語やウクライナ語まで可能で、アプリによっては対象言語が30近くに上る。たとえその国の言語を理解できなくても、翻訳アプリを使えばある程度のコミュニケーションが成立するほど高度化しているのだ。

お互いを自己紹介する中で、香奈も比較的早い段階で、夫と息子がいることは伝えていた。すると挨拶代わりに、アズニーから、

「息子は元気かい？」

と尋ねられるようになる。その気遣いが香奈には純粋に嬉しかった。だからつい息子の写真も送ってしまった。

このように相手の家族を思いやる発言は、国際ロマンス詐欺犯に共通する手口とみられる。被害者を安心させ、つけ入る隙を探る狙いがあるのだろう。

香奈がアズニーを信用するようになった最初のきっかけは、以前やり取りをしていた別の外国人男性について相談した時だ。アズニーと知り合う前、米国のハリウッド俳優「クリス・パイン」を名乗る人物からインスタグラムにメッセージが届いたことがあり、しば

らくやり取りを続けると、投資話を持ち掛けられた。不信感を覚えた香奈は、アズニーにその人物の話を持ち出した。するとアズニーは、こう言い切った。

「それは詐欺だよ。ビデオ通話で顔を見て話ができない人は信用できない」

この時点ではまだ、香奈はアズニーともビデオ通話をしていなかった。ところが、別の人物からの投資話を「詐欺」とアドバイスしてくれた彼の対応に好感が持てたと、香奈は回想する。

「アズニーはLINEの返事がすごく丁寧で、親身に相談に乗ってくれていると感じたので、信用してしまったんです」

LINEで頻繁《ひんぱん》にメッセージのやり取りをするようになったアズニーは次第に、朝の開口一番から刺激的な言葉を送るようになる。

「僕のメッセージであなたの1日が始まり、それがあなたを心地よくさせることを願っている。あなたは笑顔になり、特別な1日を過ごせるでしょう！」

「おはよう！　笑顔に包まれた1日になりますように！」

香奈が自撮りの写真を送信すると、興奮気味のメッセージが返ってきた。

「Ｗｏｗ‼　今日のあなたはとても美しい。まるで天使が地球に舞い降りてきたみたいだ」

そんなアズニーからは幼少期や家族の写真まで届いた。かつては日本を訪れたこともあるという。

「今度日本に行った時はあなたと一緒に夕食を楽しみたい」

ＬＩＮＥに移行してから１週間で、早くも思わせぶりな態度を取ってきた。そんなアズニーからの〝愛の囁《ささや》き〟は日に日に激しさを増す。

「多くの人々はお金や富を求めるでしょう。でも僕は、あなたが最高の気分で目覚めることだけを祈っている。なぜならそれは僕にとって、世の中のどんな物事よりも大切だから」

「あなたはとても強く、そして勇敢だ。外見だけでなく、内面までもが美しい。そんなあなたは僕の心の中に常に存在している。あなたも僕のことをそのように感じてくれたらとても幸せだ」

「僕はあなたに１００万回の笑顔を送っている。そのうちの１つは今日のために、もう１つは明日のために。なぜなら僕は、あなたが太陽のごとく光り輝くように、笑顔でいて欲しいからだ」

100万回の笑顔（million smiles）――。

同じ日本人の口からはなかなか出てこないだろう口説き文句に、ドキッとした。こうした愛情表現を交えつつ、「息子は元気にしているかい？」というささやかな気遣いも忘れない。香奈の心は徐々に、アズニーに傾き始めていた。

「おはよう。今起きたところなの。私はあなたからのメッセージを何度も読み返していたわ。あなたは私の人生において特別な存在よ。私もあなたの笑顔が好きよ」

これにはアズニーも熱い返事を送ってきた。

「あなたと永遠に一緒にいたい。あなたの子供の父親になるよ。僕は父親としての責任を取る覚悟ができている。あなたの子供が幸せになるためなら何だってやるし、最高の父親になってみせるよ」

香奈自身のことだけでなく、子供まで気にかけてくれる寛大さ。そんなアズニーからたまに電話が掛かってくるようになる。

「Hello! I miss you」

簡単な英語で思いを伝え、アズニーも「I love you」という愛のメッセージを繰り返している。それまではメッセージだけのやり取りだったが、肉声を聞いたことでアズニーという人物の存在を確認できた。まだ会ったことはなくとも、完全に信用しきってしまったのだ。これ以降、アズニーとはたまに電話やビデオ通話もしていたという。

最初のハリウッド男優は詐欺師だったかもしれないが、アズニーは違う――。しかもプロフィール写真で見たルックスもハリウッド男優に引けを取らなかった。そして包み込むような優しさに溢《あふ》れ、何よりマメだった。

## 「愛情を求めていた」

LINEに移行してから2週間後、アズニーは自分の仕事について話し始めた。業種は石油ガスの開発。近々、新規事業をめぐる米政府高官との会合でプレゼンをする予定で、順調にいけば米ルイジアナ州ニューオーリンズにある石油採掘現場に4週間出張し、その後の長期休暇で訪日できる可能性があるというのだ。

プレゼンを前に、アズニーは緊張している様子だった。香奈は「大丈夫だよ」と励ましの気持ちを伝えた。その思いが通じたのか、プレゼンが成功したと連絡が入り、ニューオーリンズへの出張も決まったという。同僚を連れて買い物に出掛けたアズニーは、香奈のために香水や化粧品、ｉＰｈｏｎｅ、ノートパソコン、ダイヤのネックレスなどのプレゼントを購入したと言い、それらが梱包されたリボン付きのプレゼントの写真が届いた。

「香奈に贈りたいから住所と電話番号を教えて欲しい」

だが、香奈には夫がいる。そんなに大量のプレゼントが自宅に届いたら、怪しまれること間違いなしだ。だから「受け取れないわ」と正直に伝えた。するとアズニーは、続けて１枚の写真を送ってきた。

アズニーはやり取りの内容に沿った写真を送ってきた（香奈提供）

「家庭の事情は分かったけど、とても悲しい」

撮影したのは出張先からだろうか。白いモダンな壁に囲まれた清潔感のある部屋で、プロフィール写真で見たアズニーが、手を頬に当てて悲嘆に暮れた表情を浮かべている。その前には段ボール箱やプラスチック袋が山積みで、配送されないまま放置されている様子が一層、哀愁を漂わせていた。

アズニーをこんなにも悲しませてしまったのか。

香奈は申し訳ない気持ちになった。代替案として、プレゼントを東海地方に住む母親のもとへ送るよう提案し、住所を伝えた。

縮まっていく2人の距離――。

アズニーからは再び2人の将来について尋ねられた。

「僕の希望はあなたと共にいて、あなたのケアをすることだ。僕たちの将来をどうしたい？　アメリカで働いてみたい？」

香奈は戸惑いながらも、もはや気持ちを抑えられなくなっていた。

「私もあなたと一緒にアメリカに住みたい。でも日本に家庭があるから。今は即決できないわ。出張、気をつけてね」

その肝心の家庭が、冷え切っていた。

数年前、子育てをめぐって夫と意見が食い違い、精神的に病んでしまった。以来、夫との間には溝ができ、気持ちが離れてしまった。

香奈は、私の取材にこう語る。

「私の気持ちをもっと理解し、支えて欲しかった。愛情を求めていたのかもしれません」

そんな心の隙を見透かされてしまったのか。

アズニーからニューオーリンズへ旅立つと連絡があったのは、日本で木々の葉が色づき始めた10月半ばのことだった。間もなく、機内で撮ったと思われる動画が送られてきた。

迷彩柄の作業着のような服を着たアズニーが正面を向き、微笑を浮かべて手を振っている。そして自分の座席へと向かっていくわずか6秒の動画だ。

「到着したら連絡するね。愛してるよ！」

出張が終われば来日するかもしれない。香奈の胸は高鳴った。

## プレゼントの〝搬送料〟を要求

アズニーが出発してから7時間後のこと。

「到着したよ」

というメッセージとともに、広大な海に設置された現場の写真が届いた。鉄骨で組まれた巨大なタワーが写っており、それは「リグ」と呼ばれる海洋掘削装置なのだと教えてくれた。だが、そこはＷｉ－Ｆｉ環境が悪いらしい。それでも互いに愛を囁き合った後、アズニーからこう切り出された。

「伝えるのを忘れていたことがある。あなたのために買ったプレゼントを贈りたいのだけど、フライトに乗り遅れそうだったから、搬送手続きの時間がなかった。搬送料が高いんだ。でも心配しないで。宝石が入ったプレゼントの中に20万ドル（約２２２０万円）の現金を入れておいた。だからあなたに一旦、搬送料金や関税を立て替えてもらい、プレゼントが届いたらその現金を受け取って欲しい。そこから立て替えた分を差し引き、残りのお金で日本のホテルを8週間予約し、さらに余ったお金も好きに使ってもらって構わない」

この提案に香奈は少し戸惑いを見せたが、すでに盲目のような恋に陥っていたため、会いたい気持ちのほうが上回っていた。そしてまた、いつもの〝あれ〟が始まった。

「僕の幸せはあなたと知り合った時から始まっていた」

「僕はあなたの息子の父親に、あなたの家族の一員になりたいんだ」

「僕はあなたを猛烈に愛している。現在も、そしてこれからも永遠に」

プレゼントの搬送に必要な金額は5000ポンド（約68万円）。米国からの搬送なのに支払いはなぜか英国の通貨で、調べてみると英国の配送会社だったために納得した。それでもそんな大金を用意できないと訴えると、アズニーは「前金として半額を支払えば搬送可能かどうか国際搬送会社に掛け合って欲しい。残りは荷物が到着したら支払えば大丈夫だから」と、搬送会社のメールアドレスを知らせてきた。

なぜか香奈が交渉するハメになった。言われた通りにメールを送ると、前金の半額でとりあえず搬送可能という。指定された振り込み口座は、大手銀行の外国人名義。ベトナム人っぽい名前だったが、そこまで気に留めることもなく振り込んだ。これが最初の送金だ。LINEでやり取りを始めてから3週間目のことである。

支払うに至った心境を、香奈はこう説明する。

「最初は払えないと伝えたんですけど、どうにか払える手段を探って欲しいと言われ、消費者金融を調べてみたんです。返済額を確認したら月々9000円ぐらいと分かり、その程度なら返せるかなという気持ちになりました。また、荷物の中に挟み込まれたお金で返せるよと言われていたので、それなら大丈夫かなと思って借りました」

アズニーが荷物の中に現金を挟み込んでいるのなら、その金で搬送料を支払えば済む話だ。それに国際搬送会社への支払いなのに、指定された口座名義は得体の知れない外国人名義……。冷静に考えればおかしいのだが、香奈の心はすでに、アズニーに持っていかれ、「麻痺」していたのだ。それを象徴するのが、香奈の次のような言葉だった。

「そのお金を払わないと、彼との関係が途切れちゃうんじゃないかなって……」

もはや搬送料ではなく、アズニーとの関係をつなぎ止めるための「必要経費」だ。銀行の窓口で振り込みを済ませたと伝えると、「振り込み証明の明細書を見せて欲しい」という抜かりなさ。明細書の写真を確認したアズニーからは、「ご褒美」が再び届いた。

「時々こんなことを考えるんだ。僕の血管に流れているのは、血液ではなくあなたの愛情ではないかと」

「あなたを愛することがもし法律違反だというのなら、僕は喜んで残りの人生を刑務所で過ごすよ」

そんなキザすぎる台詞《セリフ》ももはや、香奈には生きる活力になっていた。

## iTunes攻撃

ところが、待てども待てども荷物が搬送されない。代わりに届いたのは、搬送会社からの次のようなメールだ。

「残り半額を支払うまで荷物は弊社に保管されます」

話が違うではないか。これ以上の支払いは無理だと香奈が渋ると、アズニーから「友達に借りることはできないのか？」と迫られた。「私には夫の収入があるから、友達には説明がつかない」とやんわり断ると、アズニーからは苦肉の策が提示された。

「この海にある採掘現場から荷物搬送料に関する交渉をしたい。それにはネット環境をアップグレードする必要があり、ｉＴｕｎｅｓカードが欲しい。そうすればこの海上で会社側とやり取りができるはずだ。カードには４５０ドルかかる。送ってくれないか？」

香奈は「海上でもネットで買えるのでは？」と疑問に思ったが、

「海上は通信状況が悪いから購入できないんだ」

と言い包《くる》められ、450ドル分のiTunesカードをアズニーに送った。

ところが「アップグレードを試してみた結果、できなかった」と言われ、追加で500ドル分のカードを送るよう要求された。アズニーは相変わらず「愛している」「あなたのことを思い続けている」とハートマークを添えた愛情表現を忘れず、香奈も「私も愛している」と、〝相思相愛〟の状態が続いていた。だからカード購入の要求も二つ返事で受け入れてしまった。

だが、その後もアズニーからの「iTunes攻撃」は続き、香奈はカードを次から次へと買ってしまう。ある時にはこんなストレートな欲求もぶつけられた。

「あなたとセックスがしたい」

香奈は尋ねた。

「その理由は私を愛しているからなの？」

「イエス」

即答するアズニー。香奈は夫と長年セックスレスになっている事実や、2人の間に愛情が存在しているのか否かも分からなくなっていることを打ち明けた。毎日、分刻みでメッセージを交換するＬＩＮＥでのやり取り。たまにビデオ通話で対面し、同じ時間をネットで共有できている喜び。いつしか、香奈の4歳の息子は、ＬＩＮＥに夢中の自分と一緒に過ごす時間が少なくなり、父に懐くようになる。それほどまでに香奈はアズニーとのメッセージに時間を費やした。しばらくするとまたカードを要求され、その度に購入した。そしてとうとう、残り半額の搬送費用まで支払ってしまう。香奈が回想する。

「ｉＴｕｎｅｓカードは、最初に50ドルを10枚ほど買ったのを覚えています。その後に１００ドルを何枚も買いました、正確には覚えていませんが、たぶん40～50枚は……」

## ぷつりと途切れた連絡

そんな２人の関係に異変が生じたのは、２０２２年の年明けのことだ。知り合ってからすでに３ヶ月以上が経っていた。アズニーは年始早々、ｉＴｕｎｅｓカードの話を始めた。香奈は徐々に嫌気が差していたが、そのタイミングでアズニーたちが、海に囲まれた採掘現場をヘリコプターで引き揚げるという話が飛び込んできた。

ようやく会えるかもしれない。

1月半ばの夜明け前に届いたメッセージ。

「あと30分でヘリコプターが到着するよ。僕はとても幸せだ。後でゆっくり話をしよう」

その日の夜、香奈はメッセージを送った。

「あなたは（ヘリでの移動で）疲れて眠っていることでしょう。でも私はあなたに会いたい。今は大丈夫なの？　とても心配だよ」

しかし、メッセージは一向に既読にならず、不安な時間だけが流れた。ヘリでの移動は無事に終わったのだろうか。翌日にはＬＩＮＥ電話をかけたがつながらない。メッセージを打っても引き続き反応なしだ。

「どうして連絡が取れないの？　とてもつらいわ」

寂しさを吐露する一方で、香奈の中では不信感も募り始めた。その気持ちを素直にぶつけてしまった。

「もしあなたが私を欺《あざむ》いているのなら、私はあなたを非難する」

既読にならないまま1週間が経過した。この時の心境を香奈が述懐する。

「連絡が途絶えた時は不安になって落ち込み、途方に暮れていました。夫が前にいても顔を見て話すことができず、『大丈夫か？』と心配されるほどでした。1人でいる時は何度も泣きました。でも同時に、これは詐欺ではないのかと思い始めたのです」

香奈がアズニーの顔写真をネット検索してみると、タイの首都バンコクに住むSNSインフルエンサーの顔写真と一致した。自分がやり取りしているのは、この写真の人物ではなく、インフルエンサーの写真を〝悪用〟した全く別の人物かもしれない。

連絡が途切れてからおよそ1週間後。

アズニーとビデオ通話で話したこともあったというが……

「ハロー！　マイ　ラブ！」

アズニーから相変わらずのテンションでメッセージが届くとともに、連絡が途切れたことを詫びてきた。

「ヘリコプターから携帯電話を海に落としたんだ」

1週間も連絡がつかなかった上に口にしたのは、言い訳にもならないそんな理由――。香奈のアズニーに対する信頼は、完全に失われた。これまでに振り込んだ現金を返すように迫ったが、はぐらかされ、それどころかｉＴｕｎｅｓカードの追加を要求してきた。この期に及んで一体、どういう神経をしているのか。香奈は捨て台詞を吐いた。

「あなたが私に対してやったことは一生忘れない。そしてあなたの犯罪行為を世界中の人々に知らしめるために、今後の人生を捧げるわ」

数日後に連絡が完全に途切れ、アズニーはＬＩＮＥを退出した。

香奈がアズニーに注ぎ込んだ総額は３６０万円。そのうち１２５万円は、東海地方で１人暮らしをしている母親（66歳）が負担していた。

## 母親の悔恨

その母親が取材に応じた。

電話に出た香奈の母は、かなり思い詰めているようだった。

「私、一時期鬱《うつ》になりまして。食欲もないし、眠れないし、仕事も手につかないしで、勤め先も少し休ませてもらいました」

娘が国際ロマンス詐欺の被害に遭い、自身もその一部を負担したことによる心労が祟《たた》っていた。

香奈がアズニーとLINEで連絡を取り合っていることは当初から伝えられていた。

「香奈からは、インスタグラムを通じて知り合い、『ビューティフル！』と言われたと。送られてきた写真を見たら結構なイケメンだったんです。そのアズニーがプレゼントを娘に送ろうとしていたこと、石油採掘現場に出張に行っていたという話は聞いていました」

香奈がアズニーとやり取りを始めてから約2ヶ月が経ったある日のこと。

「お母さん、クレジットカード持ってないの？」

唐突にそう尋ねられた。

母は現金主義だったからクレジットカードは持っていない。

「搬送代を振り込まないと、プレゼントの中に入っている現金も受け取れないし、アズニーも日本に来られない。だから作ってよ！」

それでも「嫌だ」と断った。

「嫌じゃない！　作ってよ！」

香奈も引かない。母が回想する。

「あの時の香奈は異常でした。口調も強かったし、威圧的だった。だから仕方がないと諦め、クレジットカードを作りに行ったんです」

母は早速、作ったクレジットカードから50万円を香奈の口座に振り込んだ。

「100万円借りられないの？　これじゃ足りないよ」

追加を求めてきた香奈は、よほど切羽詰《せっぱつ》まっているようだった。そう察した母は、自身の貯金を取り崩し、さらに25万円を振り込んだ。

ところがその1週間後。

「また別のクレジットカードを作ってよ！」

今度は何かと思ったら、アズニーにiTunesカードを送るためのお金が必要で、香奈はもうクレジットカードを上限まで使い切ってしまったと言うのだ。

「その時もすごく怖かったです。もう何かに洗脳され、取り憑かれているようでした。息子がいるのに何をやってるんだ！　って思いましたね」

母はこれまでの人生で、何かにつけて香奈を頼りにすることが多く、精神的に支えられてきたため、仮に送金を断って香奈にそっぽを向かれたらそれはそれで困った。だから渋々、クレジットカードをもう1枚作った。

「なんでそんなことでいちいち電話してくるのよ！　ＬＩＮＥをくれればいいでしょ！」

殺気立つ娘。その変容ぶりに、もはや恐怖すら覚えた。

母は25万円を振り込み、さらに数十万円を追加し、香奈への振り込み総額は１２５万円に上った。最後の振り込みから1週間ほどが経った頃、アズニーと連絡が途切れたことを香奈から知らされる。

そこで初めて騙されたことに気づく。

「どうしよう？」

電話越しに不安な気持ちを吐露する娘とともに号泣した。

アズニーのプロフィール写真に使われていたバンコク在住のＳＮＳインフルエンサーは、インスタのフォロワー数が12万人で、フェイスブックは約１１８万人。いずれにも投稿されているのは、世界各地で撮影された写真ばかり。しかもモデルのような美貌の女性も一緒で、美男美女による豪華絢爛《けんらん》たる生活ぶりがこれでもかというほど紹介されていた。アズニーから香奈に送られてきた、たくさんのプレゼントに囲まれた画像や、飛行機内の動画、そしてビデオ通話をした時の映像は、インフルエンサーの投稿を詐欺犯が利用したのだろうか。ロマンス詐欺犯は、他人の画像を勝手にプロフィール写真にしているようだが、このインフルエンサーは果たして何も知らないのだろうか。いずれにしても犯人は、このインフルエンサーを装って香奈を騙していた。

その事実を受け止めると、母は眠れなくなった。

「寝床に入っても午前2時か3時ごろまで起きているんです。詐欺を見破れなかった自分に対する怒りと後悔がないまぜになって……。香奈に対しても、母親になんて高圧的な態度を取るんだと思っていました。でも今考えるとやっぱりおかしかった。それに気づけず、香奈を守ってあげられなかったのが悔しいです」

そう静かに語る母の声は、涙で震えていた。

「やっぱり親だからね。娘をどんなに責めようとも、可愛いものなんですよ」

香奈が子育てで悩んでいたこと、夫の都合で引っ越しした時の苦労、それによって好きだった職場を辞めざるを得なかった当時の苦い記憶が、頭によみがえった。香奈は10年以上、都心にある高級デパートで働いていた。好きな仕事で、都心から離れたくはなかったが、夫との話し合いの末に香奈が折れ、現在の生活に落ち着いていた。

「娘は大変だったんだろうなと。だからアズニーとのやり取りの中で、もっと冷静にこうしておけばよかったという後悔もあるし、死にたいとも思ったけど、たかだか百何十万ぐらいの金で死んでたまるかって。あんな詐欺師のことで命を落としたら無駄死にだって」

## 年金から借金返済

母は悔しさのあまり、食事も喉を通らなくなり、体重が5キロ落ちた。パート先に行くと、同僚たちから「どうしたの？」と心配された。何かをする気力もなくなり、買い物にも出掛けられず、家の掃除すらできなくなった。朝起きてコーヒーを1杯飲み、またベッドに入ってうずくまるという失意の日々。パートも10日ほど休んだ。

ある日、香奈に尋ねた。

「どうしてこんなことになったの？」

返ってきたのは一言。

「好きだったの……」

夫がいる身とはいえ、娘の心を弄《もてあそ》んだ詐欺師が許せなかった。

「その一言がすべてを物語っていました。娘は『お母さんに一生償わなければならないほど悪いことをしてしまったけど、それだけ好きだったんだよ』って言うんです。本気でアメリカに移住しようと思っていたみたいです。憎むべきは詐欺師です。独身を装って、あなただけだって情に訴えてお金を騙し取る。人間としてホントに卑劣なヤツです」

一連の詐欺をめぐってすべてを語り明かした母と娘。

「私はそれ以降もたまに涙声になったりすることもあるんですけど、娘はしっかりしていてね。たぶん、夜中に子供を寝かしつけて1人で泣いているんじゃないかな。お母さんに迷惑かけてごめんねって」

母は、残された借金の返済に追われている。月々2万6000円という返済額は、決して多くはない年金生活の身には堪《こた》える。それでも香奈のほうがもっと大変だろうと、たまに送金している。

「私は1人だから、微々たる年金をもらいながらパートで働いて質素に暮らせばいい。この年になれば食べたいものも特にないから、あるものを食べればいいし。洋服もありますから。でも香奈は子育てしなきゃいけないし、我慢させるのもかわいそうだなと思って」

電話の向こうで語る、我が子を思う親心の強さが、切ないほどに伝わってきた。

一方の香奈は、警察署に駆け込んだ。

LINEのトーク履歴や振り込んだ口座情報などを提出したが、犯人逮捕には至っていない。振り込んだ口座の凍結手続きもしてもらったが、すでに金は引き出された後で、香奈の手元には借金だけが残った。投資詐欺を専門にする弁護士に相談しようかと考えたが、着手金が数十万円かかる上、必ずしも犯人を特定できるわけではない。それにこれ以上の出費は避けたかった。香奈がほぞを噛んだ。

「なんであそこまで信用してしまったのかな。普通に恋愛感情を持ってしまい、一線を越えてしまったことを後悔しています。でも詐欺と分かった以上、そのインフルエンサーにも少なからず責任はあるはずです。これ以上の詐欺を止めさせたいですね」

香奈は任意整理をするため、司法書士の事務所に足を運んだ。今後は月々5万5000円を約5年間、返済し続けなければならない。クレジットカードも使えなくなった。

「夫にはまだ被害のことを伝えていません。だからカードが使えないのも気づかれないようにしなきゃいけないので、一緒に買い物に行く時は現金払いのみ。そういうストレスがありますし、5年間もバレないでいられるかなという不安もあります。今回の被害は自分にも非があるので、今は夫に協力しようと思っています」

冷え切った夫婦関係を見直すきっかけになったとはいえ、心を奪われ、信じた相手に裏切られたことへの遺恨は簡単には消えない。

これほどまでに苦しんだ親子から騙し取った金で、犯人は今頃何をしているのだろうか。

## アフリカ訛りの英語

香奈とＬＩＮＥでやり取りをしていた犯人はすでに退出してしまったため、犯人にアクセスすることはできない。そこで私は、香奈がアズニーとＬＩＮＥ通話で会話をした時の音声データを聞かせてもらった。

「How are you?」

という挨拶に始まり、香奈が「今何をしているの？」と尋ねる。

「I'm in the ship（船の上にいるよ）」
「I love you so much」

アズニーがそう答える英語は、アフリカ訛《なま》りのアクセントに聞こえた。

この事実を確認できたことには意味がある。のちに詳述するが、私が取材する中でロマンス詐欺犯の多くは、ナイジェリアやガーナなど西アフリカを拠点に活動していると聞いていたから、それが裏付けられたためだ。

繰り返すと、アズニーのインスタグラムに投稿されている写真は、バンコク在住のインフルエンサーの顔写真である。詐欺師は「アズニー」と名乗り、インフルエンサーの顔写真を使い、香奈を含む不特定多数の女性にＳＮＳで連絡を取り、多額の現金を詐取《さしゅ》しているとみられる。果たしてインフルエンサーは、自身の写真が悪用されている事実を認識しているのだろうか。

香奈は、インフルエンサーもひょっとしたら、実行犯と連携し、詐欺になんらかの形で関与しているのではないかと思い込んでいる。もちろん決定的な証拠はないため、あくまで推測の域を出ない。写真を悪用され、しかも被害者から犯人と勘違いされるのは、利用された当人にとっては迷惑極まりないどころか、もう1人の被害者なのかもしれない。

インフルエンサーのフェイスブックアカウントには、LINEのIDが表示されていた。検索してみると、交際中の彼女と思しきアカウントが見つかった。プロフィール画像には、赤いワンピースを着たその女性がワイングラスを持ち、山が一望できる高台のような場所から、空に浮かぶたくさんの気球を眺めている。挨拶程度のメッセージを英語で送ってみると、すぐに返信がきた。

「私は彼のガールフレンドよ。どうされましたか？」

物腰が柔らかそうな感じだったので、電話をかけて取材を申し込むことにした。

応答した女性は、車の中にいるようだ。事情を説明すると、インフルエンサーの男性に代わってくれた。本人であることを確認した後、国際ロマンス詐欺の取材をしていることを伝え、「あなたの写真が詐欺師たちに悪用されている」と切り出すと、「それは分かっている」と、特に驚いていない様子だった。

「実は数年前から、日本や韓国、アメリカで被害を受けた人たちから問い合わせを受けているんだ。僕は自分の写真が勝手に使われている被害者だよ。僕はフォロワーが多数いるブロガーで、詐欺師たちは僕を装っているんだ。僕と彼女が投稿している写真は、豪華な暮らしぶりが分かるから、詐欺師もそれを使えば相手にアプローチしやすいんじゃないか」

英語のアクセントは、アズニーとは異なり、綺麗なイギリス英語だった。そしてインフルエンサーのもとに、被害者からの問い合わせが相次ぎ、迷惑を被っていると訴えた。

「私の写真を転用している詐欺師のアカウントを調べて削除するよう、インスタグラムやフェイスブックの担当者に問い合わせたこともあるんだ。だけど、どういうわけか削除されていない。もうどうしようもないんだよ」

呆れたような口調で語ったインフルエンサー。電話を切った後、インフルエンサーから詐欺アカウントのリスト、これまでに問い合わせがあった女性たちのアカウントが送られてきた。「このアカウントは削除できません」と記されたインスタ側からの回答文も追送された。彼は困り果てているようだった。

「これらのアカウントは明らかにフェイクなのに、なぜ削除されないのか私には分からない。削除されるよう、あなたにも協力して欲しい」

もう1人の被害者からの切実な声だった。

偽のプロフィール写真とネット上での出会い、歯の浮くような愛の囁き、被害者の家族への気遣い、そして犯人が口にしたアフリカ訛りの英語……。香奈と「アズニー」の関係には、国際ロマンス詐欺を象徴するいくつもの事象、キーワードが登場していた。

それら1つ1つの要素が、他の多くの被害者にも共通した詐欺犯の「手口」であり、犯人につながる「糸口」でもあった。

# 第2章

# 砕け散った中高年のロマンス

## 非婚化とマッチングアプリ

ロマンス詐欺の被害者には、香奈のような既婚者は少なくない。だが、その多くは独身者である。

かねてから「晩婚化」や「非婚化」が進んでいる日本社会において、独身者のロマンス詐欺被害者が増え始めたのは2018年ごろからだ。その背景には、マッチングアプリやSNSを利用した「婚活」の広がりがある。これまでは結婚相談所を利用するか、もしくは諦めていた人が、マッチングアプリやSNSで手軽に出会いを求められるようになった利便性が、図らずも詐欺犯との「出会い」も可能にしてしまったのだ。

見合い結婚や職場結婚が主流だった昭和中期、50歳の時点で結婚していない「生涯未婚率」は男女ともに2~3%で推移していた。ところが1975年を境に上昇し始め、その動きはバブル崩壊による景気後退で一気に加速した。非正規労働者があふれて収入に格差が生まれ、低所得者にとっては結婚が現実的な選択肢ではなくなったためだ。さらには女性の社会進出なども若者たちの「結婚離れ」の要因となった。2022年の国勢調査によると、生涯未婚率は男性が4人に1人以上の28・3％に、女性はほぼ6人に1人の17・8％まで上がった。

この現状に歯止めをかけるのではと期待され、活況を呈しているのがマッチングアプリだ。結婚・交際相手を探す男女が、写真や職業、年齢などのプロフィールを登録し、気になった会員同士でやり取りできるネット上のサービスである。明治安田生命が実施した調査（22年10月）によると、22年に結婚した人の出会いのきっかけは、「マッチングアプリ」が5人に1人の22・6％だった。20年以降の結婚では急上昇している。

日本のマッチングアプリは2012年2月にリリースされた「Ｏｍｉａｉ」を皮切りに、その8ヶ月後には現在最大手の「ペアーズ」、そのほか「タップル」や「ｗｉｔｈ」などが続々と登場し、国内に今やその数は数十種類に及ぶ。市場規模は右肩上がりで成長しており、消費者庁による委託事業で実施された調査「マッチングアプリの動向整理」によると、2018年に386億円だった市場規模は、23年にはその倍を軽く超える1077億円、26年には1657億円に成長すると予測されている。

中でもペアーズは、19年に累計登録者数が1000万人を、さらに22年8月には

2000万人を突破した。今やマッチングアプリは出会いの場には欠かせないツールだ。スマホ1台で、身分証明書があれば年齢を問わず誰でも登録できるというハードルの低さも魅力である。しかもアプリの利用者は若者だけでなく、最近では中高年層も増えている。「マリッシュ」と呼ばれるアプリは、再婚、中年婚、年の差婚も支援するとアピールしている。

一方のSNSは、2004年にサービスが開始されたミクシィをはじめ、米国のフェイスブックが08年頃から日本に普及し始め、ツイッターやインスタグラム、ティックトックなどが広まった。このSNSは様々な使い方がされているが、「出会いの場」としての役割も果たしている。マッチングアプリとともに、今や出会いはネットで繰り広げられる時代なのだ。

## 「年齢なんて気にしない」と言われた安心感

神奈川県在住の吉田和美（仮名、45歳）も、結婚相手を探して3つのマッチングアプリや「ミクシィ」などのSNSを利用している。だが、「いいね！」をくれる男性は50代か

60代ばかりで、同年代や年下からのアプローチは皆無にひとしく、まさに〝40代の現実〟を突きつけられていた。

「私がいいと思う人からは『子供が欲しい』と言われて……。40代半ばになるとやはりなかなかマッチングは難しいのかなと思います。あとは自分がどこまで許容範囲を広げられるのかっていうところですね。結婚がすべてではありませんが。でも1人でいるのは寂しいし、借金を抱えている身で恋人なんて作れないですよ。もしできたとしても、相手には黙って返済すればいいのかな」

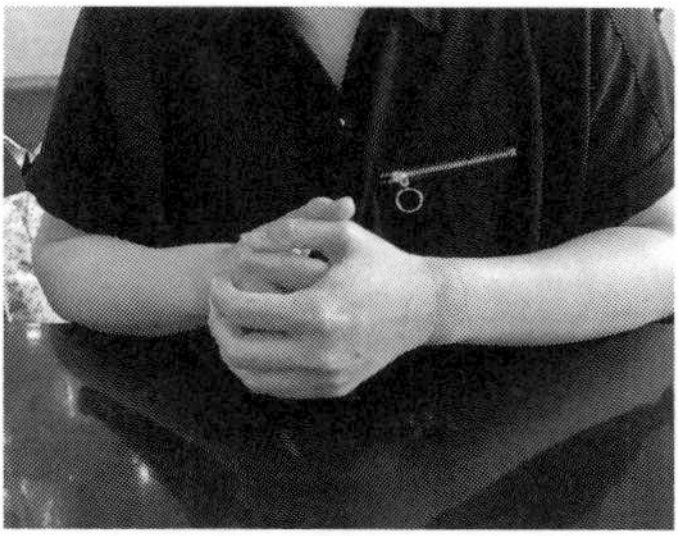
40代の現実に悩まされた和美

借金の原因は、ロマンス詐欺の被害に遭ったためだった。彼女はSNS「ミクシィ」でその相手と出会った。スマホの画面に映し出された、筋肉隆々のイケメンの写真を見せながら、目を輝かせて言った。

「その彼から『酔っ払ったのでホテルに泊まっています』と、こんな写真を送られたから、目がハートになっちゃったんです」

相手は36歳の台湾人で、名は「宗介」と言った。東京都新宿区に住み、来日時に日本名をつけたという。

彼と知り合ったのは2022年1月だった。最初はミクシィで「日本語を勉強したいのでお友達になってくれませんか?」と日本語でメッセージが届いた。それから2日間、簡単なやり取りをしてLINEへ移行した。本格的な自己紹介の後、和美は宗介に尋ねた。

「ちなみに44歳ですけど、大丈夫ですか?」

40代半ばだけど、あなたのような年下の男性とやり取りをしても構わないか、と謙《へりくだ》っているのである。

「もちろん問題ありません。年齢なんて気にしない」

和美が回想する。

「安心じゃないですけど、年上でも大丈夫なんだという感覚を持ちましたね」

宗介とのやり取りは、食事のメニューや休日の過ごし方、趣味、その日のスケジュールなど多岐にわたり、彼からは旅行の提案もあった。

「どこに旅行に行きたいですか？」

「行けるならどこでも！　って感じですが、近場だと熱海もいいなあと。世界遺産巡りもしてみたいし、台湾にも行ってみたいです」

和美は、宗介への興味をやんわり伝えた。

「いつか私たちは一緒に旅行に行ける。これはバルセロナのサグラダ・ファミリア聖堂です。有名なアントニー・ガウディのデザインです。築１３９年」

その写真も添付され、和美は思わず感激する。

「わー！　すごい！　圧巻ですね！」

続いて宗介から夢について尋ねられ、和美はこう答えた。

「夢は平和に生きていきたいです。あとは小さくてもいいから誰もがのんびりできるカフェを開きたい。そこに行けば癒《いや》されるって思ってもらえるような優しいカフェ」

和美が同じ質問をすると、宗介が言った。

「好きな人と好きなことをする。一緒に世界を旅する。カフェを開くのも夢ですよ」

これらのやり取りはすべて日本語だ。相手が翻訳アプリを使っているせいか、日本語がややぎこちない時もあるが、翻訳技術の問題かと思い、特に不自然には思わなかった。

そこで和美は少し踏み込んだ。

「素敵ですね。世界中を旅することも『夢リスト』に入れていました。好きな人はいないんですか？」

「私はまだ好きな女の子に会っていません。私も好きな人が欲しい」

「どんな人が好きだと思いますか？」

「人を好きになるのは決まった基準がないと思います。本当に好きな人に出会ったら、その人のすべてが基準になります」

「なるほど。そういう人に出会えるといいですね」

「そうです。私も早く出会いたい。和美さんと友達やカップルになれたらいいのに」

「ありがとう。そう思ってもらえて嬉しいです」

## 「子供も産めない40過ぎ」の憂鬱

ＬＩＮＥを交換し、年齢を気にしないと言われた時点から、和美はすでにその気にさせられていた。それからというもの、宗介からは逐一、「今日の夕食は友達とお寿司を食べに行く予定です」などと、日常生活における予定や出来事が伝えられる。1人暮らしで孤独を感じていた和美には、それが純粋に嬉しかったと振り返る。

「私になんでもかんでも報告してくるんです。私はあなたと友達だから、その義務があると。そういうふうにされたことがなかったから、新鮮だったんです。私の気持ちに寄り添ってくれるというか。私のトークも一切、否定しない。受け入れてくれるんです」

ありのままの自分でも肯定されているという感覚。和美は以前、ミクシィでやり取りをした相手に、こんな辛辣《しんらつ》な言葉を浴びせられた経験がある。

「いい加減に気づけよ。こっちは嫁がいる既婚者で、暇つぶしになる女性を探していたんだよ。普通の男性なら、子供も産めない40過ぎの女性なんか遊び相手としか考えないよ」

おまけにマッチングアプリでもよい結果は期待できない。年齢に対するコンプレックスを、宗介は見事に忘れさせてくれた。今のままの自分でいいんだと気づかせてくれた。子供が産めないかもしれないという不安を打ち明けた時のことだ。

「大丈夫です。それができなければ養子縁組をしましょう。それに子供を産むことはつらい。あなたに苦しんで欲しくない」

世の男性たちとは異なる宗介の優しい眼差しに、和美は涙が出そうになった。

「40過ぎのネックになる部分を温かく包み込んでくれたんです。当時、付き合っていた彼氏と別れたばかりで、その寂しさもありました。姉とも喧嘩をして、1人で生きていかないといけない状況に陥っていました。だから、やっと理想の人が現れたという気持ちで満たされたのです」

宗介の言葉は、和美に安心感を与えてくれた。それは「一緒にお風呂に入りませんか？」と冗談めかして言われた時のことだ。

「私はぷよぷよの身体ですけど、いいですか？」

「どうしていけないの？」

「痩せてなくても平気ですか？」

「もちろんいいよ。肉（付き）が少しあるのが好きです。和美さんは自信を持って」

「ありがとう。そう言ってもらえると嬉しいです」

「私と一緒にいることで、あなたは安心できます」

別の日、生理痛が起きた時には、「黒糖、ナツメ、生姜《しょうが》は家にありますか？」と聞かれ、生理痛に効くスープのレシピを送ってくれた。

「私もあなたのそばにいたい。残念です」

最後にそんな優しい言葉を掛けられ、和美は完全に落ちてしまった。

「本当に私のことを心配してくれている。この人しかいない。こんなに私のことを大事だと言ってくれる人がいるなんて」

ひょっとしたら孤独な老後を迎えなくても済むかもしれない。そんな淡い期待を抱かせてくれる宗介とのやり取りは、純粋に心躍る「非日常」だった。

しかしその裏で、暗号資産への投資話が着々と進んでいた。

## 2人の将来のために

宗介から暗号資産の話が出たのは、LINEに移行してわずか2日後のこと。ドライブの話からいきなり、宗介の仕事の話に変わった。

「今日のデータと相場を分析する必要があります。終わってから、あなたにメッセージを送ります」

「お仕事頑張ってください」

「今日は相場がいい。50万円稼ぎました」

暗号資産の価格変動を示すチャートの画像が送られてきた。

「私たちは暗号資産の秒契約の先物取引をしています」

「なんか全然見方が分からないですけど、利益が得られたようで何よりです」

この翌日に早速、宗介から暗号資産への投資を勧誘される。しかし、いきなりの提案に和美は警戒心を抱き、「会った時にお話を聞かせてください」と遠回しに断った。それでも話のタイミングを見計らって、勧誘は続いた。

最初の連絡から1週間ほどが過ぎた1月半ばの寒い日のこと。宗介がランチに出かけるというので、和美は「寒いので温かくして行ってきてください」と声を掛けた。これに宗介は「（僕の）体は温かいですよ」と答えると、和美は、あの筋肉隆々の姿が脳裏をよぎったのか、「鍛えているからですかね。寒い時には宗介さんにくっつきたい……なんて」とつい本音を漏らしてしまった。

宗介は、和美の「隙」を見逃さなかった。すかさず甘い言葉を投げ掛けた。

「私とくっついていたいですか？」

「はい」

「彼女になってくれる？」

「私でよければ」

確かな手応えを得たと思った宗介はこう畳み掛ける。

「じゃあ、一緒に頑張ってくれる？　私たちの共通の夢のための努力」

もはや断れないほど宗介に惚れ込んだ和美が「私でもできるかな」と歩み寄ると、

「一緒に努力すれば、もちろん実現できる」

「宗介さんを信用して大丈夫ですか？」

そして次の言葉に、和美はまた安心してしまった。

「私は猜疑《さいぎ》心と裏切りが大嫌いです」

正義感をちらつかせて、相手を安心させようとするのも、ロマンス詐欺犯に共通する手口なのかもしれない。

続けて宗介は、自らの過去を語り始めた。

小さい頃に父が心臓病で亡くなり、母子家庭だった。２人兄弟の弟で、子供の頃から苦労する母の背中を見て育った。

一方の和美も3兄弟の末っ子で、小学生の頃に両親が離婚して母子家庭に。地元の商業高校を卒業後、母に大変な思いはさせたくないと大学には進学せず、製造業の会社でＯＬをしていた。

２人は互いに似たような境遇を持ち、孤独な気持ちを共有できた気がした。犯人からすれば、自身のつらい生い立ちを語ることで、共感を得ようとしたとみられる。その手口に、和美もハマってしまい、心を開くようになった。

和美は暗号資産の知識が全くないため、正直にそう伝えた。

「一歩一歩、私が教えてあげます」

まずは日本最大級の暗号資産取引所への登録だ。ページを開くと、宗介から指示が入る。

「あなたのＧｏｏｇｌｅメールアドレスを使って登録します」

「アドレスを入れたら登録でいいですか？」

「いいですよ。分からないところはスクリーンショットをください」

丁寧な指導に、和美が「ありがとうございます」と返すと、宗介は「どういたしまして。あなたは私の女性だから」とかぶせる。必要事項を入力して登録を済ませると、「あなたは頭がいいですよ」とおだててくる。極め付けはこんな口説き文句だ。

「あなたは私の女性です。もちろん旅行にも連れて行きます。その時は私が手をつないであげる。フランスの街を歩き、エッフェル塔を眺める。バルセロナにあるサグラダ・ファミリアでも。暗号資産を使って稼いだお金は、旅行に使える。ストックしておいて、一緒にカフェを開くこともできる」

40代というコンプレックスはもはや吹っ飛び、目の前には明るい未来しか開けていなかった。翻って自分の足元を見ると、やはり今後の行く末には不安を隠せなかった。

和美は、派遣社員としてある企業で営業事務をしている。時給は1500円で、月給にすると残業を入れて手取り21万~23万円。月額5万3000円のアパートで1人暮らしをしている。贅沢をしなければ普通の暮らしは可能だが、このままひたすら派遣社員を繰り返すしかなく、老後までの道のりはうっすらと見えていた。

和美にはこれまで、出会いがなかったわけではないが、ずっと独身だ。一度だけ、結婚を考えた相手がいる。ＯＬをしていた頃の彼氏で、彼が北米に移住したのがきっかけで別れた。それは20代後半の時で、同じ年に母も病気で亡くなった。この20代後半という時期が、和美にとっては色々な意味でのターニングポイントだった。

「その時に別れた彼を超える人じゃないと好きになれなくて。怖くて恋愛もできませんでした。あまり探そうともしていませんでした。いつかいい人が現れるだろうと、婚活もせずにのらりくらりと生きてきたら、40歳を過ぎてしまったんです」

焦りを感じてマッチングアプリに登録しても、思うようにはいかなかった。そんな時に、ふと天から舞い降りてきたかのように現れたのが宗介だったのだ。

「私は日本に来て4年になります。日本は貧富の差が激しい。金持ちは金持ち。一般庶民の収入は非常に少ない。多くの人が懸命に努力をしても家を買う余裕がない。このような社会問題は非常に深刻だ」

まさしく和美自身の状況を見透かされているようで、この宗介の指摘には黙って頷くしかなかった。

## 消費者金融で借金

ここで宗介は具体的な数字を挙げ、話を続けた。

「普通の人（の給料）は1ヶ月に20万円です。年間240万円です。20年で4800万円です。一般人は（家を買うのに）20年かかります。食べない、飲まない、消費しない。やっと買った家。難しすぎます」

また翻訳アプリの癖が出たが、宗介の言いたいことはよく理解できた。給料を丸々家の購入に注ぎ込むわけではないから、実質はもっと年数がかかるだろう。

一般人が抱える閉塞感と言えばいいだろうか。そこにきて宗介の言葉は刺さった。

「労働力による報酬は最も非効率的な稼ぎ方です。インフレでお金（の価値）がずっと値下がりしています。投資をマスターすべきです」

「あなたが働いていない時は給料がありません。しかし、投資は永遠に収入源を持つことができます」

「投資して稼いだお金でできることはたくさんあります。夢を実現することもできます」

最初は5万円から取引を始めた。宗介の指示通りにスマホを操作し、スクショを送り合いながら進めた。

「下向きにスライドする」「時間に気をつける」

しばらくすると、暗号資産の値上がりを示すチャートの画像が送られてきた。

「今日は1万円稼ぎました。この1万円で何か美味しいものを買ってきて」

そう言われても、宗介の指示通りに操作をしただけだ。

「そうなんですか？　全然分からないけど、よかったです。ありがとうございます」

出金方法を教えてもらい、手続きをすると、和美の銀行口座には儲かった分が振り込まれていた。今度は元金を増やすように持ちかけられる。

「元金が多ければもっと儲かります。50万円なら8万円稼ぐことができます。１００万円なら20万円稼ぐことができる」

「最近は相場がいい時です。この機会を逃すと私たちは長い間待たなければならない」

投資金額50万〜１００万円を勧められ、和美は貯金を取り崩して50万円を入金した。宗介からは引き続き「今度会いましょう」「私の夢を見ましたか？」と伝えられ、寂しくなった時の言葉もまた、温もりが感じられた。

「愛している。ずっとそばにいて見守っています」

「一緒にお風呂に入りませんか？」

ただ、これ以上の投資を勧められても、貯金がもう底を突いていた。すると宗介は「銀行からの融資は3週間ほどかかる」との理由で、消費者金融で借りるよう打診してきた。

「銀行からの融資を待っていると、いい相場は終わっているかもしれません」

和美は宗介をまだ信用しきっていなかった。消費者金融に手を出した後、たとえばＬＩＮＥを退出されて連絡が取れなくなる可能性もあるだろう。だが、そんな不安を和らげるかのように、宗介は自宅の住所を送ってきた。Ｇｏｏｇｌｅマップで調べてみると、新宿区のとある住宅地に建つマンションのようだが、部屋番号まで記されていなかった。不信感は燻《くすぶ》っていたが、和美は踏み込んで聞けなかったと語る。

「高級そうなマンションでした。でも部屋番号を聞いて関係が崩れるのが怖かったんです。惚れた弱みですね。今思えばおかしなことばかりだったんですが、その時はこの人しかいないと。この人と暗号資産で稼いで生きていけるんだと思い込んでいました。やり取りの中で疑問は所々感じていましたが、大丈夫だろうって」

消費者金融に手を出した経験がなかったため、怖かったが、「すぐに返せるから」と背中を押され、ネットで借りた。そして取引を再開した。

「トップページに戻る」

「下向きにスライドする」

「あなたのメールアドレスとパスワードを入力」

取引画面のスクショを何十枚と送り合い、始めてから1時間半後、宗介からこう告げられた。

「今日は1000万円稼ぎました。あなたは現在1299万2940円持っている」

「えーーーー！　信じられません」

「したがって、暗号資産の相場はこうなる。元金が多ければ多いほど儲かります」

「分かりました。宗介さんすごい！」

「早く和美さんに夢を叶えてもらいたいだけです」

だが、夢を見させてくれたのはここまでだった。

## 「所得税」の請求

テーブルの上に置かれた書類には「入金計画」と書かれ、毎月の返済額を書き込める空欄がある。1ヶ月当たり2万3000円で、残り98万円を消費者金融に返済しなければならない。この書類を見ながら私が、「国際ロマンス詐欺という言葉をもし知っていたら、こんな書類を手にする必要もなかったですよね?」と聞くと、目の前に座る和美は途端に、涙を浮かべた。

「この件で本当に人間不信になってしまいました。新しく知り合う人は怖くてやっぱり疑いから入ってしまいます。会っても信用できないといいますか。書面を用意されても偽造されているかもしれないし。この書類を作ってくれた法律事務所もすごい悩んで決めたんです。本来であれば見る必要のない書類なんですよね。人生の経験として捉えておこうと思いました」

そう語る和美は、相手に総額415万円を注ぎ込んでいた。消費者金融から100万円を借り、「1000万円稼ぎました」と言われた後は、それを引き出すために「個人所得税を支払う必要がある」と指示された。その額は約330万円。税金の支払いは確定申告でするはずだからと疑念がよぎり、暗号資産に投資している知人に聞いてみても分からなかった。そもそも先立つ物がなかった。

「そんな大金は持ち合わせていません」

すると宗介は100万円を自分が負担すると言い出した。残り230万円については、和美が18歳から年金代わりに積み立てていた生命保険を解約し、用立てた。指定先に入金した翌日、宗介から「悪い情報が入った」という一報とともに、次のような連絡がきた。

「私の母が夜帰宅する時に車にはねられた。今も母は手当てを受けています。台湾に戻らなければなりません。今から友達のプライベートジェットで台湾に帰るつもりです」

突然の悲報に驚きを隠せない和美は、ただ無事を祈った。

「分かりました。気をつけて行ってきてください。心配なので落ち着いたらまた連絡をください」

その翌日の昼、「無事に着いたでしょうか？　お母さんは大丈夫かな」と様子を伺うメッセージを送ると、2時間後に宗介から返信が届いた。

「母はもう亡くなりました」

再び驚愕し、哀悼の意を述べると、なぜか場違いな反応が返ってきた。

「和美さんは携帯電話のメール認証コードを受け取りましたか？　コードを受け取ってください」

それからリンク先を送ってきた。

「このリンクを使ってログインします」

なぜ母親が亡くなっているのに、この人は手続きの話をしているのか。さらに、決められた時間までに個人所得税が納付されていないため、２００万円の違約金を支払う必要があると通告してきた。和美はもう現金を用立てることはできない。宗介もこれ以上はないと言い出し、２人で相談した結果、和美が保険会社から40万円を借りることで話がまとまり、追加で入金した。すると今度は、こんな連絡が入った。

「弟はもう死んだ」

またしても青天の霹靂《へきれき》だった。戸惑った和美が聞くと、宗介の兄が、宗介のスマホを使って和美にメッセージを送ってきているという。

「宗介さんが亡くなったとはどういうことですか？　教えてください」

　和美が慌てて電話をかけるもつながらない。

「私は彼の兄です。弟はもう死んだ。彼は悪党と格闘している間に殺された」

「そんな……いつですか？」

「数日前。弟は最後に、一番申し訳ないのはあなただと言いました。親切な人を探してくださいと。弟はまた、50万円入金すれば（これまでの投資金額を）出金できると言いました」

　死ぬ間際に宗介はなぜ金の話をしているのか。明らかに話の筋道がおかしい。和美は宗介の遺影を確認させて欲しい、そして友人たちの連絡先を教えて欲しいと、「兄」に訴えた。しかし「知らない」の一点張り。

　しかも、宗介の兄も日本語でメッセージを送ってきている。兄も日本語ができるのかと問うと、次第にボロを出し始めた。

「できない。中国語しか話せません」

「私のメッセージは中国語に変換されているのですか？　宗介さんとやり取りして不思議

に思っていたんです。教えてください」

そんなやり取りが続き、和美は最後にこんなメッセージを送った。

「私、詐欺にあったのですね、きっと……。とても悲しいです。あなたが更生することを望みます」

奇しくもその日はエイプリルフールだったが、返信はなく、翌日にもまたメッセージを送った。

「私はもうお金がないので生きていけません」

これが宗介のアカウントに送った最後のメッセージとなった。

騙されたと気づいた後は、考えれば考えるほど、矛盾だらけだった。あれだけ惚れていたのに、なぜ電話で話をしようとしなかったのか。たまにヴォイスメッセージを送ってきたから、その生の声で満足してしまったのだ。疑問に感じても相手に聞いて関係が拗《こじ》れるのが怖くなるほど、和美は盲目的な恋に陥っていた。

「心の弱みにつけ込まれてしまいました。騙された自分が悪いんです。ちょっと立ち止まって調べてみれば、ここまでの被害にはならなかった。聞く勇気がなかったんです。本当に、相手への気持ちのほうが強くて。とにかくどうしよう、と考えていたら1人で抱えきれなくなりまして」

騙されるやつも悪い——。

国際ロマンス詐欺の被害が報じられると、ネットでよく書き込まれる手厳しいコメントだが、詐欺被害に詳しい立正大学心理学部の西田公昭教授は、こう指摘する。

「寂しさや失望感を抱え、心に隙間のある人が引っかかりやすい傾向があります。特に独身者は、相対的に自分は不幸であるというイメージを抱きやすい。『結婚できなかった』と、自分を悲観的に捉えてしまうからです」

そして西田教授はこうきっぱり言った。

「騙されるほうが悪いなんてことはないです。騙すほうが悪いに決まっています」

それでも必要以上に自分を責めてしまった和美。以来、言い知れぬ不安と頭痛、吐き気、不眠が何日も続き、食欲もなくなった。残った借金と失恋のダブルパンチだった。

警察署に被害を届けに行くと、LINEのトーク履歴など書類の提出を求められ、その準備でまた思い出した。

「履歴を見て振り込んだ金額を目の当たりにすると、これだけの金額が今手元にあったら……と後悔します。暗号資産の宣伝をネットで見ると吐きそうになります。CMにも出てきますからね」

不幸中の幸いだったのは、唯一の借金が消費者金融の100万円だけだったことだ。あとは生命保険を解約して作ったので、何百万、何千万円という被害を受けた人々に比べれば、それほど状況は逼迫《ひっぱく》していないと思えた。

「もし他の消費者金融からも借りていたらどうなっていたかと、たまにフラッシュバックというか、不安に襲われることがあります。気持ちが負の連鎖に引っ張られないよう、なるべく前向きに生きていかなきゃいけないですね」

## 結婚相談所に駆け込んだ50男

結婚したい――。そう切実な思いを語るもう1人の被害者、岡村久志（仮名、60代）にとって、それは純愛だった。年金を受給する年齢に達しても、青春時代のように心を揺さぶられた。

「本当に結婚をしたいんですよね。今までマッチングアプリでうまくいっていなかったから、今回はキタキタ、と。いい人が見つかったと思ったんです。メールのやり取りもしてくれるし、男心をくすぐられたというか」

相手は40代後半の石井幸子（仮名）。日本人だ。マッチングが成立したのは2020年12月半ば。プロフィールを見てみると、夫とはすでに死別しており、米国の大学院を修了したエリートのようだった。しかも幸子は長崎在住といい、同じ九州地方に住んでいる。

マッチングしたので早速、メッセージを送った。

「初めまして。こんな年齢になりましたが、本気で結婚しようと考えています。『誰かのために尽くしたい』と考えています。歳の差があることは十分、承知しています。長いプロフィールを書きました。『ちょっと気になるなあ』と思われたら、メールいただけるとありがたいです」

久志はこのアプリを10年以上利用してきたが、マッチングが成立しなかったのでしばらく休会。久しぶりに再会したがうまくいかず、これでダメだったら近く退会する予定だった。するとと幸子からこんな返信が届いた。

「メッセージをありがとう。あなたは素晴らしい笑顔を持っています。私もあなたを知りたいです」

この4時間後、久志は次のように返信した。

「笑顔を褒めていただき恐縮です。地のままの、ぼーっとした顔です。現在は、前職の続きで、教育関係の仕事をしています。40年以上暮らした東京での生活を終え、90代の母と2人暮らしです」（原文から一部変更）

彼女からの返信は日本語が少しぎこちなかったが、それは米国カリフォルニア州で育ち、日系アメリカ人だからだろうと解釈した。夫が亡くなったのは6年前で、新型コロナが流行する前に日本へ戻ったという。職場は、大手商社と提携しているガス田の開発会社だった。すぐにやり取りの場がLINEに移り、久志は少し英語ができたため、そこからは英語でメッセージを交換した。

久志にとってのこの出会いは、一筋の光が差し込んだかのような瞬間だった。思えば東京の有名私大法学部を卒業後、司法試験一筋で勉強に打ち込んできた。

「僕は自分で受かると思っていた」

そう苦笑する久志だが、10回ほど挑戦しても悲願は成就しなかった。

司法試験に挑戦し続け、合格せずに挫折をしてしまえば、年齢や職種によっては人生の軌道修正や社会復帰をするのが困難な状況に陥る。それでも夢を諦めきれずに、一発逆転ホームランを狙ってひたすら走り続ける——。

久志は2浪して大学に入ったため、司法試験を諦めた時にはすでに30代半ばに差し掛かっていた。社会人としてスタートするには難しい年齢だ。その上、久志には「司法試験に受からなかった」という引け目が、その後の人生でも何かと胸につかえていた。

「学生時代の友達とかを見ると、弁護士になった人が何人もいる。だから受からない自分が格好悪くて。もはや人間じゃないとまで思ってしまいました。そのせいで、異性に対する踏ん切りがつかなかったというか、出会いがなかったというか」

司法試験に合格することが人生のすべて。

その固定観念に縛られて生きてきた久志にとって、弁護士を諦めることは人生の敗北を意味した。その道を外れた後、法律事務所などでアルバイトをしていたが、収入が十分でなかったことから、女性に対しては奥手になっていた。ちょうど50歳になった時、知人の紹介で都内にある教育関係の会社に転職し、年収が800万円に跳ね上がった。それほどの高額収入を初めて手にした久志は、結婚相談所に駆け込んだ。

「そりゃ結婚したかったからですよ。それまではお金がないから結婚できないと思っていたんです。髪結いの亭主は嫌だったんで。自分は女性を食わせたい、養いたいっていうのが正しい生き方だと。だから単純に、お金がないと結婚できないですよ」

昭和的な価値観といえばそれまでかもしれないが、久志は結婚の条件として「自らの安定した収入」を念頭に置いていた。

結婚情報サイトによると、女性が相手の男性に求める年収は少なくとも400万〜500万円程度だ。統計的にも明らかだが、正社員男性の50歳時点での未婚率は19・6%だが、派遣社員やパートなどの非正規になると60・4%まで上がる。「お金じゃないよ」とはよく聞く台詞だが、現実問題としては、収入の多寡が結婚の可否に影響しているという事実は否定できない。ゆえに久志がそう考えるのも無理はなかった。そんな久志が経済力の面で懸念がなくなり、やっと「スタートラインに立てた」と自信を持ち始めたのだ。

これで独身生活とはおさらばできるかもしれない。

そんな期待を抱いて足を運んだ結婚相談所だったが、担当者からは開口一番、こうアドバイスされた。

「久志さん、髪を染めてください」

久志は難色を示した。

「髪を染めるのは嫌ですよ。素のままの自分がいいです」

素直な気持ちを伝えただけだったが、担当者からはこう言い返された。

「久志さん、それは違うんですよ。女性はあなたと同じ目であなたを見るのではなく、女性自身の目で久志さんを見るのです。その時に、実年齢はどうしようもないけど、女性は若い人を好む。そういうものなんです。あなたは女心が全然分かっていない」

結婚相談所を出た久志は、その足で薬局へ行き、白髪染めを買った。

久志が当時を振り返る。

「それぐらい僕の人生は社会との接点がなかったのです」

大学の同級生たちが早々と司法試験に合格し、あるいは大手企業に就職し、結婚して子供の成長を見届けるという人生の階段を駆け上がっていく中で、久志は司法試験に挑み続けた結果、長い空白期間ができてしまった。それを突然、埋め合わせようとしても、失った時間を簡単に取り戻すことはできず、結婚相談所に入会して、早10年が過ぎ去った。

## 高齢の母を気遣う〝優しさ〟

転機は還暦を迎えた頃に訪れた。

会社での年収がそれまでの6割、480万円に下がった。60歳を超えたための会社の規定だ。

時期を同じくして、九州の実家で一人暮らしをしていた90代の母の面倒を見ることになった。久志は40年以上住み続けた東京から引き揚げた。

高校生の時以来、久しぶりの実家暮らしだ。教育関係の仕事で小規模ながら独立する予定だったが、新型コロナの流行で計画が頓挫。これまでの貯金でマンションを購入し、その家賃収入と年金で、母の面倒を見ながら細々と生活をしていた。

日本では2010年代、80代の親が長年引きこもる50代の子供を支える「8050」問題と呼ばれる家族形態が顕在化した。それが高齢化し、次第に「9060」問題へと移行している。久志は引きこもっているわけではないが、90代の母親と60代の子供の2人暮らし、という家族形態に変わりはない。

老後への不安や独身ゆえの寂しさ。そんな行く末を憂えている時に、マッチングアプリを介して幸子と出会ったのだ。しかも相手の居住地は、戻ってきた九州地方だ。これ以上の巡り合わせはないだろうと、久志は彼女に飛びついた。

「彼女とやり取りを始め、1ヶ月もしないうちに本気になりました。私のことを急に褒めてきて、自分を満足させてくれる男性に出会ったことがなかったけど、僕のような人は初めてだと」

幸子は当初、久志にこんなメッセージを送っている。

「母親の世話をしている紳士と知り合いになれて嬉しいです。私はあなたに心を奪われました。あなたのことを本当に知りたい。あなたはまるで輝く鎧を着た騎士のようだ」

期待を裏切っては申し訳ないという誠実な思いから、久志は司法試験に失敗し、人生に挫折した過去を打ち明けた。収入が少なく、年金生活を送っている現実も正直に伝えた。早い段階で自分を曝《さら》け出したつもりだったが、続く返信は、そんな久志の後ろめたい気持ちを見事に払拭《ふっしょく》してくれた。

「悲しむ必要はありません。私はあなたと一緒にいたいです。私はお金のことを気にしません。すぐにでも会いたいです。いい夢をみてください」

このメッセージはクリスマスイブに届いた。同日、久志は眼の病気を患った母親を眼科へ連れて行き、手術をした。その帰宅時、クリスマスを祝うために母と寿司屋に立ち寄り、そのことを幸子に伝えていた。すると日付が変わったばかりのクリスマス当日に、幸子からこんな温かい言葉が送られた。

「メリークリスマス、私の愛する人。あなたのお母さんはあなたをとても誇りに思っているに違いありません。お母さんの笑顔でそれが理解できます。お母さんは今朝、お元気ですか。彼女の気分が優れていることを願っています」

母のことまで気にかけてくれる彼女の優しさが身に染みた。以来、合言葉のように「How is mom?」と様子を聞いてくる。「アズニー」という米国人男性に騙された第1章の香奈も、4歳の息子を気遣うメッセージに心を打たれたが、被害者の家族への気遣いはやはり、ロマンス詐欺犯に共通する手口なのだろう。久志が照れ笑いを浮かべながら言った。

「何百回と聞かれました。僕の母のことをこんなにも心配してくれているのかと思ったんです」

だが、その親切心の歪《いびつ》さに、久志は気づいていなかった。

「そのうちにお金を貸して欲しいとか言いながら、同時に『How is mom?』と連絡がくる。お金には困っているけど、それと同じぐらいに母親のことも心配しているのよと言っているみたいで、その配慮に完全にやられてしまいました」

話によると、幸子は新潟県沖のガス田開発のプロジェクトに携《たずさ》わっているため、建設された海洋プラットフォームに詰めているという。働いている作業員は約30人。幸子はその現場に3ヶ月間滞在し、年を越して翌年1月下旬には新潟県から九州に戻るというのだ。

日を追うごとに、幸子からのメッセージには愛情表現が増していった。

「毎日、太陽はあなたを照らし、夜には月があなたを見守っています。私はその太陽や月のようになりたい。毎朝目覚める時と毎晩眠りにつく時、あなたのことを考えていたいと思います。たとえあなたが遠く離れていても、私の心は鼓動しています」

こうした英文でのやり取りに、久志は幾分、刺激を感じていた。

「使いたい英語の表現がありまして、それが通じたのが嬉しかったんです。英語でコミュニケーションを取ることにやりがいを感じていました。ラブレターを英語で交換しているような感覚で、そこに酔いしれていましたね」

前述の西田公昭教授はこう指摘する。

「被害者の一部には、英語でのコミュニケーションに喜びを感じた結果、加害者とのやり取りにのめり込んでしまう傾向があるのではないでしょうか。ある程度教養があり、異文化に関心を持っている被害者ほど、ロマンス的な要素だけでなく、英語でのやり取りに知的好奇心が満たされていた側面もあると思います」

久志にとって、幸子とのＬＩＮＥは余生を送る上での「生きがい」になっていたのかもしれない。

年が明けると久志はデジタル年賀状を幸子に送信し、正月の寒空の下で働いているであろう幸子の体調を心配した。幸子からは九州地方に帰る日付が知らされ、対面がいよいよ現実味を帯びてきた。

久志は幸子からの「愛」を確かに感じていた。果たしてその思いに応えられるだろうか。

「もし私が鳥だったら、あなたのところに飛んでいけるのに」

久志が気持ちを伝えると、幸子は返した。

「私が大切な人生を送るために必要なのはあなたの愛だけです。あなたの愛がすべてです。私はまるで空に手が触れているかのような気持ちになっていますが、その空は未来が見えないほどに眩しいです。あなたは今朝、私にとって最高の人です」

幸子からはすでに、夫と母を亡くしていたことを伝えられていた。その過去を思いやり、久志はこう励ました。

「神からの試練としては重すぎる。でも、夜明けがない日はありません。太陽は昇ります。雨の日もあれば、晴れの日もあります。時にそれは苦痛を伴い、時には楽しみに変わります。あなたに与えられた試練を乗り越えるためには、前向きな気持ちが必要です。未来のために一緒に暮らしましょう」

幸子の声が聞きたくなった久志は電話をかけてみた。だが、「ネットワークが悪い」という理由でつながらなかった。海上プラットフォームにいるからだろう。その後も何度か試したが、いずれも不通だった。

## 振り込み続ける心理

会ったことも話したこともない相手に、LINEでのやり取りだけで本気になってしまった久志。そんな純粋な気持ちを見透かすかのように、幸子から立て続けにこんなメッセージが届いた。

「(1月)27日に出発することになっているのですが、まだ荷物が届いていません。支払いを手伝ってくれませんか。戻ってきたらお金をお返しします」

第1章の香奈が「アズニー」から要求された「搬送料」の手口そのままである。

久志は「できることは何でもやります」と返信し、幸子の指示通りに動いた。彼女の口座があるネットバンキングにログインし、1万2760ドル(約132万3000円)の送金手続きを求められたが、どういうわけか途中でブロックされてしまった。幸子はその金額を送金する必要があると言い出し、借金を申し出てきた。久志は戸惑った。

「この時は不信感から抵抗もしましたが、結局、恋愛感情が勝って私が折れてしまったんです。助けてあげたいという気持ちのほうが上回ってしまいました」

指定された口座はベトナム人とみられる名義人だったが、久志は自分の口座からその金額を振り込んだ。

「送金しました。私は安心しました。あなたを救ったような気がします（笑）」

ところがこの送金は、銀行側から振り込め詐欺と疑われ、阻止された。後日、銀行の担当者から久志は直接電話を受け、「なんのためのお金ですか？」などと問い詰められた。これを幸子に伝えると、暗号資産での送金を提案された。久志にとって暗号資産は未知の分野だったため、友人に相談した。

「それは彼女に騙されている可能性がある。話したことがあるのか？　会ったことがあるのか？　日本には詐欺事件が多いから気をつけて」

このアドバイスを踏まえて送金に難色を示すメッセージを送ると、幸子から長文の返信が届いた。

「あなたのメッセージを二度読み、苦しみました。私があなたを騙すことは決してないでしょう。私は人を騙すような女性ではありません。私はあなたに会ったことがありませんが、あなたとの未来を望んでいるので、私の銀行口座へのアクセスをお願いするほどに信頼していたのです」

それでも疑いが晴れなかった久志は、彼女にパスポートの写しを送るよう要求した。届いたパスポートの写真には確かに、マッチングアプリのプロフィールに掲載されていたのと同一人物の顔写真が貼り付けられ、本籍地は「長崎」だった。

「OK。あなたを信頼します」

久志は幸子の指示通り、暗号資産140万円分を購入し、指定されたアドレス（銀行口座のようなもの）へ送付した。するとまたいつもの殺し文句が始まった。

「お母さんは元気？」

「愛している。あなたに会うのが待ちきれません」

送金はすでに完了し、幸子は長崎に来るはずだったが、送るはずの荷物が「税関で足止めされている」などと言い出し、今度は通関証明書の支払いが求められているという。その額は、最初の振り込み額の倍を超える312万円。そもそも日本国内での荷物搬送なのに、「税関」とは一体どういうことか。さすがに疑念を振り払えず、断った。だが、「すぐに返済する」と引き下がらない幸子との押し問答の末、半額分の156万円を支払うことで話が落ち着いた。再び暗号資産を購入して送付後、幸子から「やはり半額では荷物が送れない」と言われ、仕方なく翌日、170万円をさらに注ぎ込んだ。2日間で計326万円を送金したことになる。久志が回想する。

「9割方は相手を信じていました。残り1割は信じていなかったけど、ここでお金を支払わないと全額戻ってこないと思ってしまったんです。なんでそう思ったのか自分でもよく分かりませんが、だから今回も支払わなきゃいけないと」

国際ロマンス詐欺を専門に対応している、東京投資被害弁護士研究会の金田万作《かなだまんさく》弁護士が、こんな事情を説明する。

「投資詐欺でよくあるパターンとして、損を取り戻そうとする心理があります。為替などの資産が値上がりして含み益が生じたところで、売却して利益を確定させる利確はできるのですが、損切りはできないんです。つまり損した場合は、ずっと損切りせずに持ってしまう。損を現実化したくない心理が働くのです。だから数百万円を振り込んだ人で、自分が騙されていると気づいても、それを確定させたくないから、これは本当なんだと信じ込ませる心理が働き、お金がなくなるまで振り込み続けるのです」

久志もその心理状態に陥っていたのだろう。

知り合ってから約1ヶ月半後の2月5日の金曜日。

幸子とようやく空港で会う日を迎えた。久志は、普段は使わない高速道路に乗り、車をぶっ飛ばした。

「空港に到着したら、職員に『石井幸子』という人物が乗客にいるかどうかを尋ね回りました。寒いかもしれないからと車の後部座席に毛布を積み、温かいコーヒーもポットに入れて用意していたんです」

しかし、いくら待てども幸子は空港に現れず、電話もつながらなかった。

それでも幸子とメッセージのやり取りを続けた。またしても、基地を離れるのに170万円が必要だと迫られ、それも暗号資産で送金してしまう。この時点での振り込み総額は636万円。その数日後、幸子との連絡が途絶えた。

「どうしたの？　誘拐されましたか？　あなたの身に何が起こっているのですか？」

送ったメッセージは既読にならず、電話をかけても応答がない。幸子が働いている会社のメールアドレスにも安否確認のメールを送ったが、返信もない。ようやく騙されたことに気づいたのは、初めて警察署へ相談に行った時だ。

3月9日午前0時51分、久志は最後のメッセージを送った。

「母の体調が悪い。治療費がいる。お金を返してくれ」

いつまでも既読にならなかった。

## 胸が締め付けられた母の言葉

久志にはオンラインのビデオ通話で取材をした。パソコンのスクリーンに映し出された久志は穏やかな表情を浮かべ、誠実を絵に描いたような人だった。

「もうお金は返ってこないという覚悟をしています。もちろん返しては欲しいですけど、警察からは犯人を逮捕するのは難しいと言われております。だから、霧の中でもがいているような状態といいますか。どこを殴っても蹴っても変化しない。ですから、私の失敗を、こういう愚かな現実があったんだということを伝えていただければと思うんです」

この言葉にも久志の人のよさが滲《にじ》み出ている。私が取材をした被害者には、いわゆる「お人好し」と言わざるを得ない人が多かった。前出の西田教授もこう指摘する。

「被害者の中には、素直で真面目な、いわゆる〝いい人〟が多いのも特徴です。心理学的に共通して言われていることですが、そういう人がSNSを利用すると、会ったこともない相手に対して自分を投影し、自分と同じような人だと考えてしまうケースが少なくない。つまり、自分が善意だから相手も善意だと思い込んでしまうのです」

久志が最初に警察へ相談に行ったのは、幸子の捜索願を出すためで、計4回の振り込みのうち、3回目まで振り込んだ後のこと。しかし、担当の警官からは「その女性とは出会い系サイトで知り合ったんですよね？」と何度も訝《いぶか》しげに聞かれ、惨《みじ》めな気持ちになった。

「その聞き方から、『あんたはただのスケベですよね？』と思われているみたいで、引け目を感じてきちんと相談できなかったんです。僕としては騙されている可能性を指摘して欲しかったのに……。あの時にきちんと説明してくれれば、最後の170万円は振り込まずに済んだかもしれません。なぜ気づいてくれなかったのか抗議しようと考えましたが、そうすると自分が小さな人間だと思ってしまったんです。ただ、社会の公益性を考えれば、あの警官はもっと親身に相談に乗ってくれるべきでした」

ちょうどその頃は、空港で幸子に落ち合えなかった時期と重なる。結局、警官の物言いに口を閉ざしてしまった久志は、最後の170万円を注ぎ込んだ。再び警察署へ駆け込んだ時には、「すべて偽りですよ」と告げられた。驚くのは、それでもまだ久志は、警察の言葉を信じきれていなかったことだ。

「半分以上は幸子のことを信じていたので、警察の説明は嘘だろうと思いました。警察から事実を伝えられた直後は、6割信じていたのが2割に落ちた。それでもまだ2割は信じていたんです。でも実家に帰ってくるまでの間に、騙されたんだなという思いがじわじわと来ました。相手に対する怒りはありますけど、自分の不注意に対する失望感のほうが大きいです」

久志は真面目な人だ。取材の中でこんなことを語っていたのが印象的だった。

「僕は善人でありたいと思っています。人に嫌がられることはしたくないし、自分が偉そうに振る舞うのも嫌なんです」

思えば久志は小学生の頃から学級委員、中学生の時は音楽部の部長、高校の時はスポーツ部のキャプテン、大学のスポーツ同好会でも幹事長を務める中で、性善説に立って生きてきた。

「僕の周りにはあまり悪い人がいませんでした。人を騙すような人間もいなかった。ニュースを見れば世の中、悪い人がたくさんいたのに気づかなかったのかなぁ……。出会った人の99％は悪い人ではありませんでした。人を騙したり、殺したりする人とは普通出会わないわけで、僕はそういう認識で生きてきました。だから会ってもいない幸子に恋をしてしまったのが誤算なんです」

「善人でありたい」という久志の人生哲学が、図らずもロマンス詐欺の被害につながったのだとしたら、こんな皮肉な現実もないだろう。

幸子と密に連絡を取り合うようになってから、母には「長崎の人とお付き合いがある」とは伝えていた。やっと自分の息子が結婚してくれるかもしれない。そう首を長くして待ち望んでいた母からは「長崎の人とはいつ会うの？」と何度も尋ねられ、切なさが込み上げてきた。今さら、騙されていたとは口が裂けても言えない。しかも老後の資金をごっそり奪われていたとは。だから「別れた」とだけ伝えると、返ってきた言葉は、

「ああ、そう……」

それ以降、母の口から「長崎の人」が出てくることはなかった。

その母は被害に遭って1年ほどが経過した22年夏、脳梗塞を患い、車椅子生活になった。

そんな状態の母から、「自分が実家にいると邪魔になるから施設を探して欲しい」と言われ、また胸が締め付けられた。

「邪魔になるっていうのは、母が実家にいると私が結婚できないと思っていたという意味です。だから施設に入ると。僕には『結婚して欲しい』とずっと言い続けていましたが、あまり言いすぎると僕を責めることになるからと、時々しか口にしなかったんです。それが脳梗塞の退院時にまた出たんです。もちろんいい人が見つかったら母の前に連れてきたいですよ。だけど周りには女性がいないし……」

やっと見つかったと思ったら、金目当ての詐欺師に遭遇してしまった久志。怒りよりも自身の不注意を後悔しながら、今も「結婚したい」と切に願っている。

「やっぱり寂しいから、楽しい生活をしたいからでしょうねえ。気が合う人と一緒に暮らすのは楽しいでしょう。美味《おい》しいものを食べて『美味しいね』と言い合えたり、綺麗な景色を見て『綺麗だね』、寒い時に『寒いね』と共感できる人と一緒にいたいです」

# 第3章

# 暗号資産に目が眩み……。

## ４６００万円失った40代シングルマザー

私が取材をした中で最も被害額が大きかったのは、４６００万円を騙し取られた町田美穂（仮名、48歳）だった。プロローグで紹介した女性である。彼女は「国際ロマンス詐欺被害者」というツイッターアカウント（すでに閉鎖）でこう明かしていた。

〈４６００万全財産失った国際ロマンス詐欺被害者です。無一文でどうやって生きればいいの？　想像絶する壮絶な苦しみ〉

全財産とはいえ４６００万円もの大金を持っていた彼女は一体、どういった人物なのか。ダイレクトメッセージで取材を申し込むと、間もなく返信が届いた。

「取材って何を話せばいいの？」

被害者から想像できる悲壮なイメージとは裏腹な、あっけらかんとした印象を受けた。しかも取材場所に指定されたのは、美穂の自宅。都内にあるマンションの住所と彼女の本名まで記されてある。

初めて会う異性をいきなり自宅に呼び込むのは、他人にあまり警戒心を抱いていないように感じられる。あるいは簡単に人を信用してしまうのか。いずれにしても、美穂からの突拍子《とっぴょうし》もない申し出に、逆にこちらが警戒してしまった。

そんな一抹《いちまつ》の不安を抱きつつ、指定された住所地へと向かった。ちなみにロマンス詐欺の被害者を取材した中で、自宅を指定されたのは後にも先にも彼女だけだ。目的地のマンションに到着し、インターフォンを鳴らして4階へ上がる。エレベーターを出ると、美穂は玄関のドアを半開きにして待っていた。

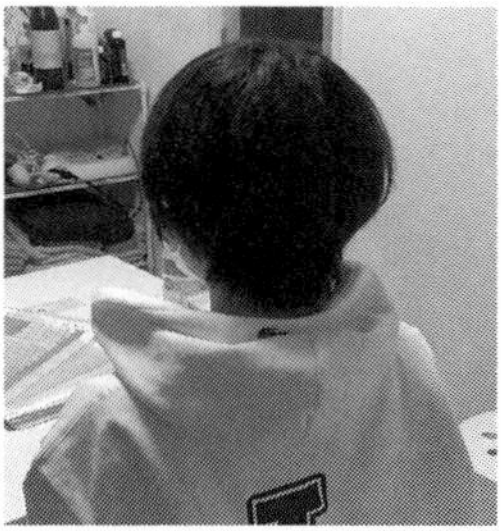

4600万円を振り込んだ美穂

ショートカットの彼女は、白いパーカーにジーンズ姿。高級腕時計などの貴金属を身につけているわけでもない。部屋は6畳ほどのワンルーム。白を基調にした内装で、中心には白いテーブル、壁際にはラックが置かれただけの実にシンプルな部屋だ。

この部屋に美穂が関西から引っ越してきたのは、2020年春のこと。個人でマッサージ業を営み、インターネットで物品販売も行なう経営者だった。施術用の折りたたみベッドや関連器具がロフトへつながる階段の下にまとまって収まっている。一見、何の変哲もない部屋に1人で暮らす彼女が、詐欺犯に4600万円の被害に遭ったことが不思議に感じられるほど、第一印象は至って普通だった。しかも大金を奪われたわりには妙に落ち着いているのだ。

美穂はまず、相手と知り合った経緯を語り始めた。

「東京にはあまり知り合いがいなくて、子育ても終わったので、誰かパートナーでも探してみようかなと、何の気なしでアプリに登録しました。そしたらいきなり『いいね！』がきたので、こっちも『いいね！』を返したのが始まりです」

相手は42歳のフランス人男性で、「ポール」と名乗った。

そのプロフィール写真は、鼻がすらりと高く、薄い髭《ひげ》が似合う整った顔立ち。爽やかな短髪にキリリとした表情を浮かべ、椅子に座ってノートパソコンの画面を見つめている。それが1枚目の写真だ。もう1枚、タンクトップにジーンズを穿き、ボウリング場でボールを抱えて立っている写真もある。経歴は、東京在住の「経営者・役員」で、身長は177㎝。こんな好条件の男性から言い寄られたら、心が動いてしまうのではないかと思ったが、美穂はあっさりこう言った。

「ポールのことは好きにはなってないんです。ちょっとは心が揺れましたが、それほどではありません。だって会うまでは分からないじゃないですか」

会うまでは分からない——。これまでの被害者に比べ、美穂は最初、冷静だったようだ。にもかかわらず、4600万円も失ってしまったのはなぜか。そう考えると尚更《なおさら》、不思議だった。何が彼女をそこまで動かしたのか。相手の手口が余程巧妙だったのか。

## 〝模擬取引〟で信頼させる

美穂がポールと知り合ったのは、東京へ引っ越してから約1年後のことだった。

30代前半で離婚をした美穂は、地元関西でマッサージ業などを営みながら、シングルマザーとして子供2人を育て上げていた。2人とも大学生になり、子育ても落ち着いていたので、アプリに登録してみた。

「私は顔写真をプロフィールに載せていなかったんです。それでも『いいね！』がきて。あなたと出会ってしまったので一緒に退会しようと誘われ、LINEでやり取りをするようになりました」

ポールは翻訳アプリを使い、最初から日本語でメッセージを送ってきた。

まずはお互いの自己紹介から始まる。ポールの出身国というフランスの話題になり、「フランスに戻って両親と一緒に住みたい。美穂は親のそばにいたくないの？」と尋ねられた。すると美穂は、幼少期に父親からDVを受けた過去を早々と打ち明ける。女子校を1年で辞め、定時制の高校へ移った。家出をしてアパートで1人暮らしを始め、喫茶店などのバイトをいくつも掛け持ちしながら卒業した。その間に出会った先輩と24歳の時に結婚し、長女と長男の子供2人を授かる。しかし、夫は「プー太郎」で、美穂が長距離トラックの運転手をしながら夫と子供2人を養った。夫との関係は冷める一方で、結婚から8年後に離婚。その後は、柔道整復師の国家資格を取得し、マッサージ店を開業する。加えてカフェなども経営する会社社長として馬車馬のように働いた。

そんな経緯を説明するうちに、いつの間にかポールが心を寄せてくれた。朝の「おはよう」に始まり、その日の食事メニューを含めて日常生活における些細な出来事を伝え合い、分刻みでメッセージを交換した。

ＬＩＮＥでやり取りを始めて早くも3日目、ポールからいきなり、お金に関する話が飛び出した。美穂が「ポールは今から何をするの？」と何気なく尋ねた時のことだ。

「ポールは今、外国為替取引をしています。コロナで各国の経済は影響を受けました。しかし株や電子マネーなどの投資業界は上昇傾向にあります。ポールの目に狂いはないよ」

これに美穂が軽く便乗した。

「私も勉強したらできる？」

即座に食いつくポール。

「もちろんできますよ。とてもよい勉強の機会だと思います。美穂が暗号資産の口座申請をするのを手伝うことができる。美穂はポールと一緒に勉強することができます。ポールが今やっていることは美穂の大きな助けになると思っています。美穂は新しい分野に飛び込む心の準備ができていますか？」

話を強引に進めようとするポールに美穂は警戒心を示すが、ポールは引き下がらない。

「勉強時間は30分ぐらいですよ。私たちは一緒によい未来を歩みたい。美穂は恋人でありパートナーでもあります」

美穂はまだ不安を感じていたため、一度、電話で話をしたいと伝えた。すると間もなくポールからLINE電話が掛かってきた。美穂が回想する。

「相手は英語で、何をしているの？　と聞いてきました。その後は、『あなたを愛している』ばかりを繰り返していて、ほとんど会話になっていませんでしたね」

香奈とアズニーがLINE電話で直接話をした時と同じような状況だ。

この通話の後、ポールから暗号資産取引所のURLが届いた。「CICI」と呼ばれるサイトで、ネット上では詐欺を指摘する声が多く、すでに閉鎖されている。当時の美穂には、そんな事情を知る由もなかった。

「自分でビジネスをやっていたので、コロナ融資の返済もありました」

受けたコロナ融資は、日本政策金融公庫から1000万円、信用金庫から500万円の計1500万円だった。

「そんな時に暗号資産をやらないかと誘われました。売り買いのタイミングを分かっているから、指示通りにやったら大丈夫だと。最初に投資金無しのお試しでやりましょうと、サイトに登録してもらったんです」

コロナ融資の返済を控えた美穂にとって、暗号資産への投資で資産を増やすという申し出は渡りに船だった。国際ロマンス詐欺の被害者には、銀行口座への振り込みに加え、暗号資産やFXへの投資を名目として金銭を騙し取られるケースも多い。特に後者は、美穂のように相手に「本気」になっていなくても成立してしまうのだ。

ポールからは早速、サイトの使い方についての説明が次から次へと送られてくる。その通りにクリックし、スクリーンショットを送信し、ポールの確認を得て次のステップへ進むという流れで取引が進んでいった。気づけば、スマホの画面に映し出された金額が「5566USTD」と表示されていた。USTDは、「テザー」と呼ばれ、法定通貨である米ドルの相場と連動している暗号資産の種類である。1USTD＝1ドルなので、テストとはいえ美穂は5566ドル（約60万円）を儲けた計算になる。ポールはテストを通じて射倖心《しゃこうしん》を煽《あお》り、美穂をどんどん暗号資産の世界へと引きずり込む。そして2人の明るい未来予想図を描くことで、美穂の警戒心を解こうとした。

「ポールの夢は45歳までにすべての仕事を辞めて本当の富と自由を実現し、自分の大好きな美穂と一緒に世界中を旅して、自分のお金で慈善活動をし、助けを必要とする人を助けたいです。この夢を一緒に実現したいですか？」

「うん、したい。（そんな夢みたいな話は）考えたこともない。もう一生、パートナーが見つからずに1人なのかと思っていたよ。ポールは神様からのプレゼントだ」

美穂はついに現金を投入する。

LINEでやり取りを始めてからわずか5日後のことだった。

## 打ち出の小槌のように

最初に入金した額は100万円で、預金の中から引き出した。ポールから送られてきた暗号資産取引所のサイトを開き、美穂は彼の指示通りにスマホを操作した。

「すべて購入するの？　100万円だよ。確定でいい？　怖いよ」

購入手続きを済ませた。この時の心境を、美穂はこう振り返る。

「あなたのことを信用しています、と証明するためのお金でした。ビビっていると思われるのが嫌でした。そのへんの感覚はみんなと違うかもしれません。壊れているというか」

プライドが高いというべきか、意地というべきか。

美穂はかつて交際していた彼氏から、誕生日に高価なプレゼントをねだられると、無理してでも「買えばいいんでしょ?」と思って買ってしまう癖があった。そういう自分を「歪んでいる」と表現するが、相手の期待を上回ろうとする見栄のようなものが、彼女は人一倍強かった。100万円を振り込んだのも、そうした感覚に近いのかもしれない。

「(結果が出るまで)気長に待ちましょう。お風呂に入ってもいいです」

そう言うポールは、「一緒に洗う必要がありますか?」という冗談も交え、美穂の心を落ち着かせようとする。美穂がシャワーを終えてスマホを再び覗く。

「入金状況を確認しましょう」

指示が入り、取引所のサイトを開いた。そこでまた指示が飛んだが、よく分からないままポールの判断でその日の取引は終了した。

「美穂を抱いて寝たい。私たちは一緒に日本で家を買うことができると思います。それが私たちが最初に達成したい目標でもあります。そして私たちは結婚します」

「そうなの? 私、結婚できるんだ。もう諦めていたから……」

分刻みのメッセージ交換は深夜2時まで続き、翌日の取引は午後3時半から始まった。

「美穂は187USTDを稼いだ。2万円相当ですよ」

というポール。自身も取引を行なっているようで、

「私は１１１０６ＵＳＴＤを稼いだよ」

と報告してきた。日本円で１１１万円強だ。

取引の合間、美穂が16歳の頃からアルバイトを掛け持ちし、働き詰めの日々を送ってきたとこぼした。ポールは不思議そうに英語で返した。

「美穂はどうしてそんなにハードに仕事をするの？　私はあなたの体のことを心配している。というのは世界にはお金を稼ぐ様々な方法があります。対価を得るために体を酷使するのは馬鹿げている」

「投資の方法を知っている人に、貧乏な人はいない。逆に投資の方法を知らない富裕層もいない。美穂はどうしてお金をもっと楽に稼ごうとしないの？」

きちんと投資の方法を学べば、ポールの言うように、体に負担をかけずにお金儲けができるかもしれない。そう美穂は、思い始めていた。

しばらくするとポールからこう伝えられた。

「美穂は今日いくら稼いだか知っていますか？　７３０ＵＳＴＤ。８万円くらいです」

ポールの指示通りにクリックしただけで、それほどの利益が出たというのだ。

「自分に何かプレゼントすることを考えますか？　笑」

「お金で買える物で、特に欲しい物はない。車も家もいらないから家族が欲しい」

美穂はそっけない返事をしたが、8万円の収益に少し舞い上がっていた。気持ちをさらに昂《たかぶ》らせるかのように、ポールからの「愛の囁き」が立て続けに届いた。

「ポールは寝ている間に美穂にキスをしてもいいですか？」

「あなたに会わせてくれた神に感謝します」

最初の100万円に続き、今度は400万円を振り込むよう指示された。再び不安が募ったが、コロナ融資を使って入金した。ポールからの要求はとどまるところを知らず、美穂は打ち出の小槌を振るうかのように次から次へと入金する。その額が1400万円に達した段階で、ポールからこう告げられた。

「今日の取引だけで400万円近く稼いだ」

しかしポールはまだ「少ない」と言って、追加を要求してきた。

「美穂が十分なお金を稼いだ時、私たちは仕事をしなくても大丈夫です。すべての借金を返しても5000万円残ります。そうすれば私たちは一緒に海外で暮らすことができます」

しかも今度の要求額は、これまでとは桁違いの3500万円。さすがの額の大きさに美穂は「無理だよ」と断ったが、ポールは譲らないどころか、とんでもない提案をしてきた。

「それでは明日の夜、美穂に5000万円を貸します」

その資金でさらに収益を増やそうという魂胆か。戸惑いが恐怖に変わりつつあった。

「そんな大金どうやって返せばいいの？」

「お金を稼いでから返してください」

翌日夜、ポールからメッセージが届く。

「5200万円を送金しました」

美穂がサイトに開設した口座を開いてみると、確かに保有している暗号資産が一気に増えていた。その数字の羅列を見て慄《おのの》くあまり、咄嗟《とっさ》に涙が出てきた。それでも尚、元金を増やす必要があるとポールは迫ってくるのだ。美穂がその時の心境を振り返った。

「表示された数字を見た時点で精神的にダメになりました。返せなくなったらどうしようと。そんな大金は用立てられないと、病んでしまいました。もし返せなかったら私は犯罪者になり、子供にも迷惑が掛かってしまうかもしれないという不安が出てきました。そこからはもうポールを完全に信用するしかないとも思いましたね」

そもそもCICIというサイトは、金融庁に取引所として登録されておらず、違法性があったのだ。そうとも知らない美穂は、完全にポールの意のままに操られていた。

## 借金の依頼で友人失う

とにかくお金を用立てなければ……。友人に電話をかけまくり、事情を説明して借金を申し出たが、一様に冷ややかな反応が返ってきた。

「もうこれ以上、電話をしてこないで!」

「何回騙されたら気がつくの? そんないい話あるわけないし、ポールと結婚することはないよ。それに暗号資産はお金としても価値がない」

友人たちからの忠告を伝えても尚、ポールは強気だ。

「彼らには分からないだけだ。ポールを信じられない?」

「ポールを信じているよ。私はみんなと縁を切るよ。友達がゼロになってもいいよ。誰も私の話を信じてくれないから。私は家族も友達も失いました。1人になってしまった」

自分を見失ってしまったかのように取り乱す美穂。にもかかわらず容赦ない要求は続き、ほぼ、強迫に近かった。

「あと1100万円足りない。何とかしてよ」

美穂が「これ以上は出せない。無理なんだよ」と伝えるも、聞く耳を持たない。

「ポールはあなたを助けるために最善を尽くしてきた。その努力を無駄にするのか？」

「会社は売れませんか？　弟からお金を借りることはできませんか？」

何を言われても応じられない。そんな美穂の気持ちを無視するかのように、「明日の夜までに何とか500万円用意して。これが最低の要求だ」と、譲歩してきた。美穂は、弟と友人に頼み込んで500万円をかき集めた。

「以前と同じようにサイトに送金します」

「クリックして購入を確認してください……」

美穂はもはや、指示通りに動くロボットのようだった。

後日、また指示が入る。サイトを開くと、保有する暗号資産の価値は1億円を軽く超えていた。この時点での美穂の投資金は1900万円、ポールは5200万円だから、合わせて7100万円。ざっと計算しただけで、少なくとも3000万円は利益が出ている。

「今からお金を引き出せばみんなに返済することができます」

そんなポールの力強い言葉に、美穂はようやく安堵した。

「みんな喜ぶね！　わー、すごい。嬉しい！　ポールありがとう」

だが、歓喜の声を上げるのはまだ早かった。

「払い戻しはできていませんか？　失敗かな？　ポールはこのような状況になったことがない。スクリーンショットをください。払い戻しに失敗したのはどういうことか、カスタマーセンターの担当者に聞いてください」

「失敗」という言葉に再び不安がよぎる。

美穂が取引所のカスタマーセンターにアクセスし、状況を確認した。すると担当者から次のような返信が届いた。

〈あなたの口座に入っている資金が、ご本人からの送金でないことを確認しました。この

ため口座のリスク保証金を支払う必要があります〉

これまでの送金が美穂のものだと確認できないという理屈で、新たな支払いを要求されているのが理解できた。これにはポールも驚きを隠せないようで、まるで人が変わったかのように言葉が乱暴になり始めた。

「何だって？　くそったれが！　どうしてだ？　美穂は心配しなくて大丈夫だ。僕がカスタマーサービスの担当者に資金源を説明して対処するから」

10分後にポールからメッセージが届いた。

「僕は今、怒り心頭だ。資金はまだ口座の中に入っている。だが、お金を引き出すには27万ドルを支払わなければならない。こんなことが起きるとは。申し訳ない。気を悪くしないでくれ。最も重要なのは、できる限り早く、解決策を見つけることだ。あるいは、美穂のお父さんにお金の工面をお願いすることはできないか？　金額が金額だから普通の方法では対応できない」

これまでに投資した1900万円は一体、どうなってしまうのか。

不安で押しつぶされそうになる中、美穂はある決断をする。

## 父に借りた2700万円も溶かす

東京の自宅から新幹線で関西へ向かっていた。

「お願いがあるんやけど」

電話の相手は、関西で電気工事関係の会社を営む社長で、父親だった。

「ネットで知りおうた人がいて、その人に教えてもらいながら投資をしてたん。その預金が知人と合わせて9000万円ぐらいになってん。それが引き出せんようになってしもて。担当のカスタマーセンターに問い合わせたら、リスク保証金を支払わんと引き出せないと言われてしもて……」

「いくらやねん?」

「2700万円」

「はあ?」

その日の夜に父の会社に到着した。父と会社の税理士の前で、美穂は同じことを繰り返し説明した。

「1900万円取り戻せへんかったら、お金はすっからかんになるんか？　そんなら貸したるわ」

意外にもあっさり承諾してくれた父の懐の深さに、とりあえずホッとした。

会社での話し合いが終わると、美穂はこんなメッセージをポールに送っている。

「大丈夫だよ！　安心してね！　明日2700万円借りるから」

翌朝、目覚めると、微熱があった。体温計は37・2度。おまけによく眠れなかったから体調は優れない。それでも上機嫌なメッセージを送った。

「今日はお金を送金していきます。報告しますね。だから安心してね！」

美穂と父、税理士の3人で大手銀行3行へ足を運んだ。それぞれから1000万、1000万、700万円を引き出し、2700万円分の暗号資産を購入。ポールが指定するアドレスに送付した。3行に分けたのは引き出し限度額があるためだ。正午過ぎにポールに報告した。

「2700万円　送金　完了」

「おつかれさまでした。ありがとう美穂。私は美穂を信じて、美穂も私を信じた。私たちはお互いに信頼し合っています。私はとても嬉しいです。愛しているよ美穂！」

間もなく、カスタマーサービスセンターから次のようなメッセージが届いた。


〈リスク保証金はすでに入金されました。ただいま審査中です〉


「審査中」という言葉が引っかかった。不安がぶり返した。

「審査が終わったらすぐにお金出せる？　ポールにも友達にも返したい」

「はい、取引所はそうだと言っています」

ポールもいまいち確信が持てないのか。

美穂は恐怖のあまり腹痛を起こす。これに追い討ちをかけるかのように、カスタマーサービスセンターから不吉な知らせが届いた。


〈審査がまだ完了していないので、税金を支払う必要があります。

日本の法律による納税規制…　所得税の税率は…（中略）。税金を支払った後、引き出すことができます〉

続くメッセージで引き出しに必要な納税額は28万5349米ドルと記されていた。約3000万円だ。ポールに泣きついた。

「どうしたらいい？　もう私はこれ以上できない。お金がない」

ここでようやく美穂は詐欺で騙されていたと気づく。薄々分かってはいたが、ポールのことを信じなければという気持ちが先走ってしまい、冷静な自分に蓋をしていただけなのかもしれない。投入した金額は全部で4600万円。都心でも、家やマンションが買える大金だ。美穂が回想する。

「税金なんか支払えないし、これは詐欺だって思いました。お金を次から次へと要求し過ぎてくるし、そもそも税金を支払うのはおかしいと。もう遅いですけど、そこでやっと怪しんだのです。ポールには警察に行くとも言わず、責めることもせず……」

一方のポールは「元金は友達から借りたお金だった」と言い出し、投資金を取り返したいと諦めてくれない。しばらく押し問答のようなやり取りが続いた後、ポールは最後にこんな台詞を連呼した。

「お金を返してください　お金を返してください　お金を返してください……」

「金を返す　金を返す　金を返す……」

同じ言葉が怨念のごとくスマホのスクリーンを埋め尽くし、背筋が凍りつくような感覚に襲われた。

「この野郎、お前は責任逃れをしている。あなたは私にお金を返したくないです。くそったれ！……」

戦慄を覚えた美穂は、ポールのＬＩＮＥアカウントをブロックした。

父にも恐る恐る電話をかけ、事情を説明すると、激怒する声がスマホを震わせた。

「どうやって返してくれんねん！　お金は返さんとあかんぞ！」

ポールからも父からも責められ、逃げ場を失った美穂。本来であれば被害者のはずが、なぜ悪者扱いされているのか。

東京へ戻る新幹線の中で、自分の情けなさに涙が止まらなかった。

## 人間をやめたい

美穂への取材がスタートしたのは、彼女が詐欺被害に気づいてから約8ヶ月後の2022年2月のことだった。ポールに恋愛感情を抱いていないにもかかわらず、大金を詐取された経緯や詳細を繰り返し尋ねた。疑っていないわけではなかったが、結果的に相手の術中にはまってしまったのはなぜか。その理由の1つを美穂はこう説明した。

「自分の過去のことをポールに伝えたんです。誰にも頼れない人生だったと。そしたら美穂を助けたいし、もう仕事をしなくても良いと。そんな言葉を鵜呑《うの》みにはしていませんでしたが、『あなたを大切にします』『将来の面倒を見ます』と言われ、信じられるなら信じたいと思っていました。でも会ったこともなかったから。ただ、ポールが貧しい人を助ける財団を作りたいと言っていて、手伝いたいと思いました。そこは信じていました」

完全に信用しているわけではないが、自分の過去にも耳を傾けてくれるから、信じたい気持ちが芽生える。

彼女の話の中で印象深かったのは、「人を疑いたくない」「人の面倒を見るのが好き」という言葉から醸《かも》し出される人柄だ。それには彼女が幼少期に父親から虐待を受け続けてきたという、複雑な家庭環境が関係しているように思われる。そんな自身の人生について美穂は「誰かに守ってもらったことがなかった」とも振り返る。

「ずっと1人で生きていかなきゃいけなかった。周りから自分は何もしてもらえないと思っていたから、望まれるすべてのことを人にしようと。例えばホステスをやっていた友達の服を買ってあげたり、送り迎えをしたり、食べさせてあげてずっと誰かの面倒を見ている。それが役割みたいに感じていました。みんなから『仏』とよく言われていましたね」

仏の心でポールを包み込んであげたい――。それにしても大きすぎる代償である。だが、冷静になってみると、美穂が使った自己資金は、被害総額4600万円のうち3000万円だけだ。残りは友人4人と弟から借りた約800万円とコロナ融資約800万円、そして父親の会社がはたいた2700万円。

「金額が凄すぎたのと、周りの人も巻き込んでしまった。ほんまにアホやなって思って、何回も自分が嫌になります。もう悲しい気持ちを通り越して、人間をやめたいとも思う。でも死にたいと思っても死なれへんから、だったら100円でも稼ぐことを考えようって」

いくら思い詰めても、現実に立ち返らなければならない。

美穂は友人への借金返済のため、所持していた車を2台と、ネット販売で取り扱っていた新品のパソコン3台を売り払った。関西にあった自宅の賃貸契約と駐車場の契約も解約した。それらを友人3人への返済額200万円に充てた。弟から借りた350万円、別の友人からも借りた250万円については、まだ返済の目処《めど》が立っていない。

現金は80万円ほど所持しているというが、家賃や子供の学費、銀行への融資返済など月々の出費が50万円ほどかかるため、自転車操業を強いられている。

「1週間1500円で生活しています。1日1食で構いません」

そう言って美穂は台所からオートミールのパックを取り出し、掲げた。

「これを大匙《さじ》3杯入れ、水に浸《ひた》してレンチンしたらめっちゃ膨らむんですよ。それと卵で大丈夫。お料理は基本、しないです。何でも作れますけど、お金がもったいないからできない。あとはチョコレート食べたりとか。人参はぶつ切りにしてチンし、オリーブオイルと塩胡椒をかけて食べる」

節約生活を続けながら、自己破産の手続きも申請した。その選択肢だけは、支払い能力の限界が来るまで取らないと決めていたが、早々に方針転換を迫られた。東京へ移住してから、マッサージ店とネットの物品販売で生計を立ててきたが、物品販売はほとんど稼働していなかったため、マッサージの稼ぎだけで借金を返済しなければならない。現実的ではなかった。

弁護士に相談してみると、自己破産に必要な費用は約100万円。そんな金も所持していない。少し前に申請していたコロナ事業復活支援金が100万円下りたため、それを自己破産の手続きに充てることにした。これで借金返済を免れる可能性が出てきた。世話になった父への報告をかねて関西へ帰省した。

「そうか。自己破産の手続き費用を貸してくれって言いにくるかと思てたけど、来いひんかったなと思って」

そう語る父の言葉には皮肉がたっぷり込められていた。以来、美穂は父と連絡を取っていない。縁を切られたと思っている。

4600万円を失っても、生きている限り人生は続いていく。

## 恨み続ける20代女子

美穂の取材から半年近くが経った2022年夏の初め、好きでもないのに大金を振り込んでしまったもう1人の被害者に出会った。

彼女は犯人のことを思い浮かべるだけで、顔つきが自然にこわばるほどのトラウマを抱えていた。尖っている、と言ったほうが正確かもしれない。やり場のない怒りが燻り続けているため、思い出した途端に表情に出てしまう。手で触れたら破裂してしまいそうな、緊張感がみなぎっていた。そんな彼女が見せてくれたLINEのトーク履歴には、恨みつらみの言葉がぶちまけられている。

「詐欺師め、呪い殺してやる」

「死ね死ね死ねくそ人間死ね死ね死ね」

いずれのメッセージも既読にはなっていなかった。これらはロマンス詐欺犯から「俺が騙した」という捨て台詞を吐かれた時に湧き上がった、反射的な怒りの返信だ。

「その時から手の震えが始まりました。ええ！　嘘でしょ！　みたいな」

そう語る本田沙也香（28歳、仮名）は、取材の合間、ネイビーの洒落《しゃれ》た帽子を被り続けていた。透明の保護眼鏡をかけ、明るい色の口紅が目立つ。第一印象は華やかなイメージだが、私が出会った被害者の中で、騙されたことを最も根に持っているように見えた。被害直後のＬＩＮＥメッセージならまだしも、会話の中でさえ、詐欺師のことを「ヤツ」「クソだ」と罵《ののし》った。

相手の名は「トニー」。写真の顔は眼鏡をかけ、クールで知的な印象だ。年齢は30代で、不動産投資家だという。

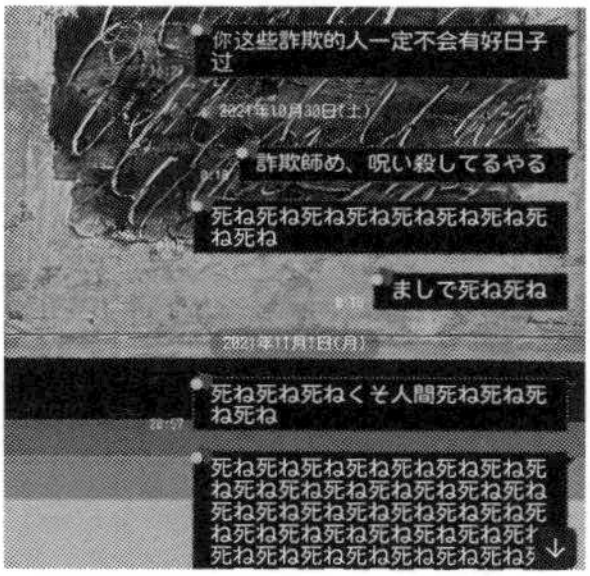
你这些詐欺的人一定不会有好日子过
2021年10月30日(土)
詐欺師め、呪い殺してるやる
死ね死ね死ね死ね死ね死ね死ね死ね死ね死ね
ましで死ね死ね
2021年11月1日(月)
死ね死ね死ねくそ人間死ね死ね死ね死ね
死ね死ね死ね死ね死ね死ね死ね死ね死ね死ね死ね死ね死ね死ね死ね死ね死ね死ね死ね死ね死ね死ね死ね死ね死ね死ね死ね死ね
恨みの言葉をぶちまけたLINE画面（沙也香提供）

沙也香は日本人であるが、生まれは中国だ。中国人の両親は幼い頃に離婚し、母が日本人と再婚したのを機に中学1年生の時に来日した。母はその後、中国に戻ってしまい、沙也香は父とともに日本で暮らす。日本の大学を卒業後、2つの職場を経て、現在は東京でＩＴ系の会社に勤めているＯＬである。日本語の読み書きには全く問題なく、もちろん中国語もできる。中国にいる母と連絡を取るため、ＬＩＮＥの中国版アプリ「ＷｅＣｈａｔ」を使っていた。このアプリは、自分の現在地の近くにいるアカウント保有者が表示される仕組みで、そこからアプローチをして相手に承認されれば、つながることができる。そのアプリを通じてトニーと知り合った。

「こんにちは」

中国語でのやり取りが始まり、間もなくＬＩＮＥへ移行した。ある日、トニーは暗号資産の投資で儲かっているという話を始め、試しにやってみないかと誘ってきた。最初は少額で構わないからと、沙也香は５万円を元手に取引を始めた。すると６万円に増えた。

「元金を増やせば、利益はもっと大きくなるから」

これは儲かるかもしれない──。淡い期待と欲望の裏には、沙也香自身が置かれていた環境も影響していた。

沙也香は大学を卒業後、東京で不動産仲介業の仕事に就いた。数年で外資系の会社に転職したが、新型コロナの影響で経営が傾き、リストラされた。しばらく無職の状態が続き、手持ちのお金も底を突きかけ、親に借金した。職場を選んでいられるような余裕はなく、転職したのがIT系の会社だった。

「現状には満足をしていませんでした。貯金もなかったし。親孝行もしたかった。だから常に副業をしたいなとは思っていました」

そんなタイミングで突如として、棚から落ちてきた牡丹餅《ぼたもち》のような話だった。

何かに目覚めたように、沙也香は続いて50万円を投資する。すべてはトニーの指示通りに取引を進めた。紹介された暗号資産取引所のカスタマーサービスに問い合わせ、担当者から伝えられた日本の銀行口座に入金する。名義は「グェン」などで始まるベトナム人の名前だったが、沙也香も特に気にしなかった。

なぜなら投資した金額がどんどん増えていくからだ。だが、冷静に考えてみて、そんなにうまい話があるだろうか。怪しいと思う部分もやはり、心の片隅には残っていた。その気持ちを沙也香は、トニーにぶつけた。

「友達に聞いたけど、詐欺だと言ってくる。悲しいよ」

「そんな風に考えないで」

「あなたを信じているから、お金を借りているんだよ」

「他の人がどう言おうが、俺はハニーの味方だよ」

親しみを込めて「ハニー」と呼ばれ、トーク上では卑猥《ひわい》な話も飛び出し、「恋愛ごっこ」が始まった。

取引の合間には、トニーから甘い囁きも届く。

「あなたのような奥さんがいたら絶対幸せだな」

「あなたの写真を見せてよ。優しそうなあなたを見てみたい」

投資額が大きくなって沙也香が「緊張するね」と伝えると、

「大丈夫、師匠がいるから緊張しないで」

「こんな綺麗で優しい生徒よ」

いつの間にか「師弟関係」ができあがっていた。さらに要求される投資額を断りきれず、沙也香は銀行や消費者金融に手を出し、父親や友人にも借金を頼み込んだ。トニーの指示通りに振り込んだ現金総額は、2週間足らずで800万円。購入した暗号資産の価値は確かに上がっていた。だが、引き出そうとすると、カスタマーサービスの担当者から、

「出金手数料が必要です」

と言われる。仕方なく手数料を振り込むと、今度は、

「個人所得税を支払う必要があります」

さすがにおかしいと感じたが、そう伝えても埒《らち》が明かない。ようやく疑念が強まり、トニーへ直球勝負に出た。

「私のこと騙していないよね？」

「なんで俺が騙すの？　俺は長くこの投資をしているし、出金も何回もしている。ハニーがお金ないから俺も方法を考えているじゃん。だから安心して」

　会ったこともない人間からのメッセージには、安心どころか不安だらけだった。その後も「愛している」、「代わりにお金を返すよ」という優しい言葉を掛けられたが、手元にお金が戻ってくる兆《きざ》しは見えない。

　やはり最初から騙されていたのではないか。

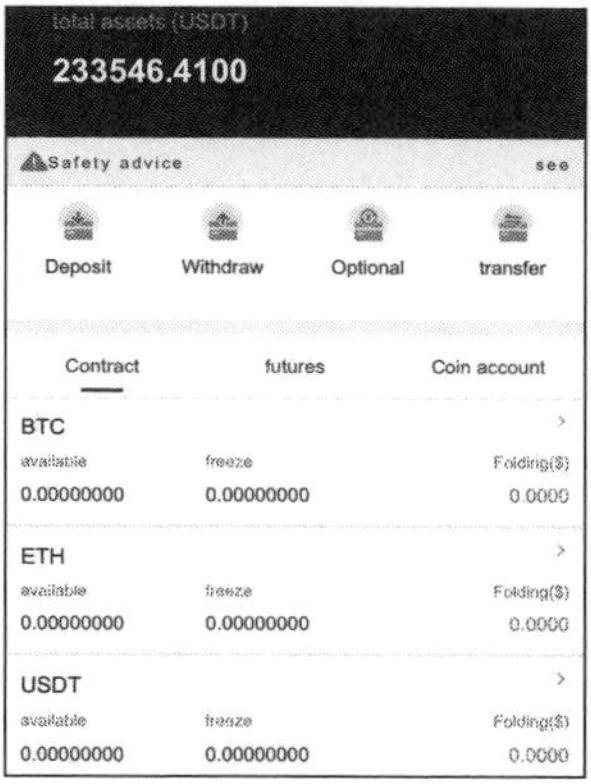

紹介された暗号資産取引所は〝フェイク〟だった（沙也香提供）

その頃、トニーの誕生日が近づいていたので、一緒に過ごす約束をしていた。だが、当日になって連絡をするも反応がなく、結局はすっぽかされた。

「昨日は疲れて連絡するのを忘れていた」

後日に仕切り直しとなったが、その日を迎えても一向に来る気配がない。時間はすでに午後7時を回っていた。

「ねえ、ねえ。私を騙したのね?」

沙也香はあらためて問い詰めた。

「そう、俺が騙した。ちゃんと生きるんだよ。すまんな」

「なんでそういうことをするの? 生きていけないわ」

やっぱり……。LINEでやり取りを始めてから、半信半疑の状態で揺れ動いていただけに、もっと警戒していたらと、悔やんでも悔やみきれなかった。甘い言葉も励ましも、すべて嘘だったのだ。そう考えると言い知れぬ怒りと憎しみが込み上げてきた。

「死ね死ね死ね……」

暗号資産の購入費用と手数料を合わせて失った総額は、1100万円。そのうちの

200万円が父からの借金だった。

「緊急でお金が必要なの」

唐突なお願いに戸惑う父から理由を聞かれたが、はっきりとは答えなかった。それでも黙って現金を用意してくれた父の優しさを思い浮かべるだけで、沙也香は今でも涙が溢れ出てくる。

「やっぱり1人娘みたいな感じだから、困っているなら助けてあげようっていうのが親心なんだと思います。今まで金融機関で借金なんてしたことなかったから、すぐに借りられました。怖かったです。親から『借金だけはダメ』と言われ続けてきたので、裏切ってしまったというか」

## セクキャバ嬢に「落ちた」

「はあ。生きれない」

騙された直後に沙也香はツイッターのアカウントを作成し、そう投稿した。

翌日には警察署に駆け込み、被害を報告。その時に撮影した、白い壁に囲まれた狭い取

調室の写真もアップされている。そこで根掘り葉掘り事情を聞かれたが、

「現状では泣き寝入りするしかないです」

「ネットで知り合ったどこの馬の骨とも分からない犯人の特定は難しい」

「口座の凍結ぐらいしかできません」

という説明を受け、警察の捜査に対する期待は早くも消えた。とりあえず詐欺被害に遭った事実だけは証拠として残しておきたかったので被害届を出し、受理された。

同じ暗号資産への投資でも、沙也香の場合は振込先が銀行口座だったため、即座に犯人に引き出されていなければ、凍結によって回収できる可能性はまだ残されている。一方、4600万円を失った美穂や、第2章に登場した久志のように、暗号資産を購入し、犯人が指定するアドレスに送付してしまった場合は、被害金の回収は不可能と言えた。前出の金田弁護士が対応した事例では、暗号資産を送付した被害事案の相談については、これまでに現金を回収できたケースが1件もなかったという。

「暗号資産の場合は、暗号資産の送付アドレスを追跡していけば犯人の口座（ウォレット）がある取引所を特定することは可能です。ただ、その取引所が犯人の口座情報を開示

してくれなければ、現金の差し押さえも個人の特定もできません。海外の取引所は弁護士などからでも開示に応じてくれず、ほとんどの場合海外の取引所が使用されているので、結局犯人の特定さえ困難です。だから暗号資産を購入した被害者には、被害金は原則、回収できないというお話はします」

弁護士事務所へ向かった沙也香は、口座を凍結してもらったが、ほとんど引き出されていた。続いて自己破産の手続きを始めた。父親や友人を除き、借金をした銀行、カード会社、消費者金融は7〜8社。返済の期日が迫っていたが、振り込んでいなかったために支払い催促の電話が立て続けにかかってきた。それらもすべて弁護士に一任した。

そこからは勤め先の給料だけで生活する失意の日々。弁護士費用は積み立てにしてもらったので、月々5万円ずつ貯金した。

外食もしなくなり、会社には弁当を持参した。民間の保険会社に月々1万円の掛け金を支払っていたが、医療保険など一部を解約し、生命保険だけを残して月々6000円の負担に減らした。沙也香が苦虫を噛み潰したように言う。

「服を買うのも控えるようになりました。友達との外出も減らし、遊びに行かなくなりりました。お酒を飲んでもどうにもならないので。第一お金がもったいないし、弁護士費用の積み立てに節約をしなければいけなかったので」

それでもたまには、気晴らしに外食をする時もあった。訪れた店の写真をインスタグラムにアップすると、事情を知る友人からはこんなコメントが寄せられた。

「つらいのは分かるけど、外に遊びに行くぐらいなら借金返済のプランを考えたら！」

借金返済の義務がある被害者は、片時の楽しみすらも許されないのか。沙也香が苦渋に満ちた顔で語る。

「その友達も決して悪気はなく、私のためを思って言ってくれたのは分かるんです。借金をした別の友人が私のアカウントをフォローしているので、その子の気持ちを考えなよってことなんですけど、これは精神的にきつかったです」

この助言を機に、SNSに投稿する写真には今まで以上に気を配るようになった。

友人への借金返済を早く終わらせるため、沙也香はアルバイトを探した。1つはネットでの物品販売。家で不要になった洋服を売りに出してみたが、そう簡単に稼ぎにはつながらない。もう1つ始めた副業が、高収入バイトとされる「チャットレディー」だった。

「ビデオ通話で男性会員と話をするんです。アダルトとノンアダルトがあって、アダルトの場合は上半身を脱いでおっぱいを見せたりします。相手の顔は見えないようになっていて、こっちはマスクをしたり、ウィッグをつけたりしています」

本業の会社が休日の土日に都内の事務所に「出勤」し、ブースに入って画面の前で待機する。会員から指名されれば、そこで対面する。

「アダルトのほうがやっぱり儲かるんです。お金を稼ぐためには仕方がなかった。かといって風俗とか体を売るよりはマシかなと思っていました」

実際に会員の前で数回、脱いでみたが、すぐにムリだと悟った。

「いくらお金のためとはいえ、知らない人に見せるのは嫌でした。上半身しか見せちゃダメなんですけど、全部脱いでと要求してくる会員もいて。さすがにそれはできませんでした。自分はここまで落ちたか、と思いました」

アダルトでの対応には耐えられなかったので、店員に相談し、ノンアダルトに切り替えた。ところが会員から指名されなかったのでバイトを辞めた。

このチャットレディーと並行して、セクキャバにも体験入店した。とにかくお金が必要だったのだ。大学生の頃、卒業旅行の資金を稼ぐため、一時的にキャバクラでバイトをした経験はあったが、まさか20代後半になって「復帰」するとは思ってもみなかった。

「セクキャバでの体験入店は気持ち悪くて吐きそうでした。JKのような制服を着て、中年の男性数人を相手しました。1人目からおっぱいを触られ、舐められたりもしました。やりたくないのにお金のために手を出してしまった。惨めすぎるって思いました」

その日の仕事を最後まで終えることができず、途中で店を飛び出した。

「泣きながら帰りました」

以来、店には戻っていない。

絶望感から、自殺を考えたこともある。

「だって人生真っ暗だもん。何もないんだよ。いつ死んでもいいやっていう気分になりました」

ネットで楽に死ねる方法を調べた。睡眠薬の大量摂取か練炭自殺か。でも自分の人生にピリオドを打つほどの勇気は持てなかった。

自己破産の申し立てが認められれば、10年近くクレジットカードは使えず、ローンが組めないなどの制約を受ける。

「ついつい人間って他人と比べてしまうじゃないですか。友達は結婚して家庭を作ったり、家を建てたり。自分は自己破産の手続きをしてお金もないし、何をしてるんだって思います。ホントにあわれになります」

友達の結婚式に招待される機会も増えたが、相手は沙也香の状況を何一つ知らないので、断るわけにもいかない。お金がない時の祝儀への出費はイタい。友人たちは皆、地方にいるので、交通費を入れると1回の列席に5万円は軽く飛ぶ。そんな状況で心の底から祝福できるかどうかは正直、微妙だった。

「複雑な気持ちですね。もっとも、私の事情は知られていないので、明るく振る舞うしかないです。お祝いできるのは気持ち的に8割ぐらいかな」

友人へのお祝いもさることながら、自分が祝福される日はもう来ないのかもしれないと、ある程度覚悟もしている。

「借金もあって自己破産している女性は訳ありだから、結婚できないかもって思います。相手に黙っているのも申し訳ないし、どこかのタイミングで伝えなきゃいけない。その時に理解してくれるのかなって。なんでそんなことで騙されるの？　って不思議がられるのも嫌ですから」

沙也香はまだ28歳だ。元々は根が明るく、ポジティブシンカーである。そこまでマイナス思考に陥る必要はなさそうに思えるのだが、そんなこちらの考えは楽観的だと言わんばかりに、彼女は精神をもはやずたずたに引き裂かれたという。

「話せば話すほど詐欺師を殺したくなりますね」

さらりとそう語る沙也香は苦笑いを浮かべたが、その表情の裏は、能面のごとく凍りついているように感じられた。犯人である詐欺師は彼女から1000万円以上を詐取し、今頃は豪遊しているのだろうか。あるいは高級車でも買っているのだろうか。これほどまでに彼女が苦しんでいる姿も知らないのだろう。

私は犯人にアプローチしてみることにした。

## 「彼女の欲望が原因だ」

犯人とのやり取りの中で、沙也香は何度か相手と直接電話で話をしたことがある。彼の中国語はネイティブで、中国人で間違いないという。沙也香から犯人のＬＩＮＥアカウントを送ってもらい、そこに次のようなメッセージを中国語に翻訳して送った。

〈はじめまして。私は日本人ジャーナリストの水谷竹秀と申します。

先日、沙也香さんという日本人女性からあなたのことについてお聞きしました。私は２年ほど前から国際ロマンス詐欺の取材を続けております。その被害者の１人が沙也香さんで、あなたの悪質な手口により、１０００万円以上を奪われてしまいました。あなたとのＬＩＮＥトークもすべて読みましたが、最終的にあなたは「俺が騙した」と犯行を認めていますね。自ら認めている以上、あなたが犯人であることは間違いありません。沙也香さんはその後、日本の警察に被害届を出し、受理されました。

私は、あなたが沙也香さんから多額の現金を詐取した一連の経緯につきまして、日本の雑誌媒体で発表をさせていただく予定です。あなたがなりすました男性の写真に加え、ＬＩＮＥトークについても公開します。つきましては加害者の視点から、犯行に至った理由などについてコメントをいただくことは可能でしょうか〉

末尾には私のメールアドレスを添えた。送信するとすぐに既読になった。間もなく、次のようなメッセージが中国語で届いた。

〈はじめまして。私は◯◯◯です。私のＩＤ◯◯◯を追加してください〉

送られたＩＤを検索すると、現れたアカウントの壁紙は、オーストラリアのシドニーにあるオペラハウスで、アイコンは子猫の写真。子猫はリビングのテーブルの上に座っており、その後ろのテレビ画面の字幕は、中国語だった。

そのままトーク画面に移り、あらためて中国語で自己紹介をすると、

「何かお知りになりたいですか」

と同じく中国語で返信が届いた。

続いて犯人から日本語のメッセージが送られてきた。

「水谷竹秀さんはあなたと話ができて嬉しいです」

翻訳アプリを使っているので、やや日本語が変だ。

「いい友達になれたら嬉しい」

「今江戸川区に住んでいます」

そしてなぜか、江東区のとある住所が送られてきた。江戸川区在住のはずが、住所は江東区だ。いずれにしても犯人の住まいだとでも言いたいのだろうか。Ｇｏｏｇｌｅマップで検索すると、地下鉄門前仲町駅から徒歩５分ほどの公園内にある管理事務所が表示された。３Ｄ写真で確認すると、シャッターが閉まっている。こんな場所に住人がいるわけがない。詐欺師の言うことだから、この程度のことでいちいち目くじらを立てるのは野暮《やぼ》だ。

「私の友人になってくれるとは嬉しい限りです」と返信し、本題を切り出した。国際ロマンス詐欺について説明した最初のメッセージは読んでいるのか。

「読みました」

「水谷竹秀先生」

「先生」の後ろには笑顔の絵文字まで添えられている。親しみを込めたつもりなのか、あるいはおちょくっているだけなのか。さらに問い詰めると、

「あれは詐欺ではない。投資に失敗しただけだ。彼女の欲望が原因だ」

「あなたはジャーナリストです。証拠もないのに人を責めてはいけない」

と開き直ってきた。挙句には、

「私と一緒に投資をしませんか？　リターンは20％」

と投資の勧誘までしてきたのだ。まともにやり取りをしても本音は引き出せないかもしれない。そう思っていると相手の出方が少し変わった。

## 殺害予告

「リベンジしたい。第二次世界大戦で日本が犯した罪について謝罪をさせたい。日本は戦犯国だ」

日本の戦争犯罪に対する報復ならば、日本人を標的に詐欺行為をはたらいても許されると思い込んでいるのだろうか。犯罪の正当化になっていないどころか、ただの論理のすり替えである。それに、沙也香は中国出身だ。おそらくは、私がこの犯人の詐欺行為を追及しようとしたので、頭にきたから戦争犯罪の話を持ち出しただけではないか。

そこで相手が中国人かどうかを尋ねてみた。犯人はその質問を既読スルーし、突如として安倍晋三元首相の銃撃事件を持ち出してきた。このやり取りは同事件（2022年7月8日）から1週間後のことで、日本社会はまだその衝撃が冷めやらぬ渦中だった。そして、

「次に死ぬのはお前だ」

と脅迫してきたのだ。

「お前が私に脅迫してきたのと同じことをやっているだけだ。私はお前を訴える」

沙也香のアカウントのスクショも届いた。何の意図があるのか分からないが、女性の乳房や男性器の写真も送りつけられた。完全に私をバカにしている。日本にいないからか、決して逮捕されることはない、と高を括っているのだろう。

最初のやり取りから数日後、犯人からＬＩＮＥ電話が掛かってきた。受信すると、向こうは何やらざわざわしている。外にいるのかもしれない。

「ハロー！」と私が声を掛けると、ソフトな若者の声が耳に入ってきた。

「ハロー！　もしもし」

日本語はできないが、「もしもし」という呼びかけは知っているようだ。私からも何度

か呼びかけたが、うまく噛みわない。近くに誰かいるのか、中国語っぽい響きの言葉で話し始め、すぐに電話が切れた。もう一度掛け直すとつながった。同じ男性が応答したので、英語ができるかどうか尋ねると、「Ｎｏ！」と言われ、中国語は「Ｙｅｓ！」。そこでまた電話が切れた。その後、何度か掛け直したが、つながらなかった。

一体、何のための電話だったのか。その後もメッセージでのやり取りが続いたが、

「沙也香の動画はこちらです」

と言って、誰のものか分からないアジア系女性の卑猥な動画が送信されてきた。

「沙也香はいらないの？」

かと思えば一転、また日中戦争の話に戻り、南京大虐殺を持ち出してきた。ご丁寧に中国版ウィキペディアのようなリンクまで添付されている。

「沙也香が騙されたことを追及するより、ジャーナリストとしてもっと知るべきことがあるはずだ。この南京大虐殺についてはどう思うのか」

随分とデリケートな質問をしてくる犯人だ。私を言い負かすために歴史認識の話を繰り返しているのか。あるいは自身の歴史観を押し付けたいだけなのか。どちらにしても犯人

側の情報をもっと引き出すためには、この質問には真摯に対応したほうが良さそうだ。だから私は、南京大虐殺については犠牲者の数が不確かで、日中の主張には隔たりがあると水を向けてみた。だが、そんな私の目論見とは裏腹に、完全な肩透かしを食らわされた。

「日本の女の子を見てください」

添付されているのは、AV動画の一場面。

「私が浮気をした日本人女性です」

きちんとした話をしたいため、卑猥な動画を送ってこないよう伝えたが、また別の動画を送信してきた。これ以上まともに相手をしないほうがいいかもしれない。

とりあえず、これまで何人の日本人を騙したのか、そして初めて騙したのはいつ頃なのかを尋ねた。騙した日本人の数は「たくさん」で、「10年前」に初めて詐欺に手を染めたという。もっとも、この回答も信用できない。

この犯人は、沙也香が深刻な被害を受けたことについて率直にどう思っているのだろうか。私は次のような質問をぶつけた。

「沙也香は私の前で『大金を騙し取られました』と涙を流していました。自殺も考えていました。これについてどうお考えですか？　率直なご意見を聞かせてください」

犯人の答えは他人事《ひとごと》のようだった。

「俺も残念だ。でも彼女は自殺をしたわけではない」

自殺をしなかったから済む話ではない。さらに突っ込もうとすると、またしても卑猥な動画が送られてきたので、この日のやり取りは打ち切った。

翌日以降も犯人は、南京大虐殺についてしつこく問い続けてきた。そしてついにはトークから退出され、連絡が途絶えた。殺害予告も今のところは実行されていない。

やはりメッセージのやり取りだけで、犯人の正体を突き止めるのは難しい。相手が私と連絡を取りたくなければ、トークを退出すればそれで終了してしまうからだ。

このように私は、被害者への取材と並行し、詐欺犯につながる糸口を掴めないか模索していた。きっかけは沙也香の犯人と接触する1年近く前のことで、私のフェイスブックにあるメッセージが届いていた。その糸を辿っていくと、第1章の犯人「アズニー」が話していた英語の訛りがある地域、西アフリカへと行き着くのだった。

# 第4章

# 詐欺犯はナイジェリアに

## グラマーな「米女性兵士」

「Hello! Dear Friend」

私のフェイスブックアカウントに突然、こんなメッセージが届いた。国際ロマンス詐欺の取材を始めて半年近くが経過した2021年春のことである。すかさず私はこう返した。

「Hi,how are you?」

「私は元気よ。あなたは？」

調子の良い感じで答えてきた相手の名前は「ジェニファー」。米カリフォルニア州サンノゼの出身で、年齢は31歳という。

「あなたは何歳ですか？」

「アメリカに来たことがありますか？」

早速投げかけられた質問に、私も答える。

ジェニファーのプロフィール写真をのぞいてみると、高い鼻に柔和な目、真っ白く肌つやの良い、端整な顔立ちをした女性だ。しかも軍服姿で、勤務先は「U.S.Navy」（米海軍）。

かつて沖縄の米軍基地に駐留していたという。過去の投稿を遡ると、ベンチで愛犬と一緒に座っている写真がアップされている。胸元を強調する黒いシャツに短パンを穿き、グラマーさをアピールしていた。

それらの写真を一瞥《いちべつ》し、私は一瞬にしてジェニファーに心を奪われた。「恋愛対象」としてではなく「取材対象」としてだ。

米軍の女性兵士が、一般市民の日本人に突如としてメッセージを送ってくる——。

「U.S.Navy」と記されたジェニファーのプロフィール（フェイスブックより）

それまでに明らかになっていた手口と同じだったから、写真の先にいる相手は、国際ロマンス詐欺に関与している犯人だと確信したのだ。ロマンス詐欺の取材をしてきた私自身が詐欺の餌食《えじき》として狙いを定められるという奇遇。「実体験」に勝《まさ》る取材はないだろう。騙されたフリをしつつ、頃合いを見計らって相手の素顔に迫れないだろうか。

そんな思いから私は、ジェニファーとの「関係」をスタートさせた。

メッセンジャーでのやり取りが進むと、ジェニファーは自身の状況をこう説明した。

「私は現在、イエメンで国際平和維持活動に参加しているの。ここでの私の任務は、軍の機密情報の管理。赴任してもう2年になるわ。あと2ヶ月で任期が終了する予定よ。そしたらビジネスへの投資目的で日本へ行きたい」

早速、「日本」というキーワードを繰り出し、彼女は距離を詰めてこようとする。「日本はとても素晴らしい国だよね」という褒め言葉も忘れずに。そこで私は、彼女の異性関係について尋ねてみた。

「私は独身よ。結婚歴があるけど、相手の態度が気に食わなかったから離婚したの。まだお互いをよく知らないうちから、いきなりこんな話をするのもどうかと思うけど」

なんだか勿体《もったい》ぶっているようなので一旦話を逸《そ》らし、当たり障《さわ》りのない、お互いの自己紹介を続けた。

メッセージの交換を始めてから約10日後、ジェニファーの希望でやり取りの舞台はLINEへ移動した。すでにお互い「ハニー!」と呼び合う仲にも発展していた。日本ではちょうど桜が満開の時期だったので、井の頭公園で撮影した写真を送った。ボートが浮かんでいる池にせり出す、溢れんばかりの桜の花々だ。相手は詐欺師とはいえ、同じ感情を持った1人の人間だ。しかも日本にそれほど馴染みのない外国人だろうから、その美しさに感激してくれるのかと思いきや、写真がいまいちだったのか、

「素敵だわ」

と一言。反応の薄さにがっかりした。それどころか逆に、どこか別の日本の公園で咲いている桜の写真を送ってきたのだ。ネットで拾ったのだろう。

「場所は香川県。大阪に近いところよ。私が日本にいた時のことを思い出し、つい送ってしまったの」

またしても「日本ネタ」で親近感を持たせてこようとするジェニファー。

この頃から私は鎌をかけ始めた。

「日本にできるだけ早く来て欲しい。そしてあなたに会って声が聞きたい」

すると「総司令官の許可がないと軍のキャンプを離れられないの」と最初は遠回しに断ってきたが、間もなくこう言い出した。

「もし日本に来て欲しかったら、総司令官に除隊の申請をして欲しい」

続けて「総司令官」のメールアドレスまで送ってきた。米軍にいる1人の女性兵士の除隊を、部外者で、しかも日本人の私が勝手に申請などできるはずがないだろう。ましてや守秘義務の多い軍隊で、トップの個人情報を外部に漏らすなどあり得ない。突っ込みどころ満載だ。が、はやる気持ちを抑え、ジェニファーの要望通り、とりあえず私のアドレスから総司令官にメールを送ることにした。すると気が早いことに「彼女の婚約者として連絡して欲しい」という。それが彼女の指示だった。

すると総司令官なる人物から返信が届き、申請を許可するにあたり、私の現住所、運転免許証、その他身分証明書を送るよう要求してきた。

相手はSNSを駆使する犯行グループだろう。取材とはいえ迂闊《うかつ》に従えば、私の個人情報や写真がネット上にさらされる可能性がある。そこでジェニファーに「一度電話で話をしたい」と切り出した。LINEでつながっているから、通話は可能なはずである。と思って掛けてみたが、応答がない。間もなく、

「セキュリティー上の問題から基地では携帯電話の使用が禁じられているのよ」

というメッセージが届き、駐留に際して定めた米軍規則の画像も添付されていた。確かに「基地における（外部との）通話は禁止」など9項目の規則がそこには記載され、ご丁寧に少将の署名まである。普段の任務で「米軍の機密情報を管理」している割には、規則を外部に漏らすなど脇が甘すぎるではないか。おそらく偽造の規則だろう。それでも私は、ロマンス詐欺の犯人たちとどうしても電話で直接話してみたかった。相手はどんな声で、どんなアクセントの英語を話すのか。少し耳にすれば分かるはずだ。だからあらためてそう持ち掛けると案の定、拒まれた。かと思えば「ツンデレ作戦」のごとく、甘い囁きが送られてくるのだ。

「私の胸がドキドキするのはあなただけよ。この世界で最も親愛なる人物はあなたよ。だからあなたを愛している」

末尾には赤いハートマークがこれでもかというほど並んでいる。その数、実に29。私も負けじとこう返信してみた。

「ハニー！　あなたを心の底から愛している。あなたは私の人生であり、『世界に一つだけの花』のような存在だ。フェイスブックで友達になった時から、あなたのことを片時も忘れたことがない。僕はあなたに狂いそうだ」

即興にしては上出来だが、よくもこんなクサい台詞を思いついたものだと、自分でも恥ずかしくなった。すぐに相手から、またメッセージが届いた。

「あなたはいつも、私の人生、私の心、そして私の魂の中にいるわ。世界中の誰よりもあなたを愛おしく思う。ハニー！　これから仕事に戻るからまたあとで連絡するね」

こうした「恋愛ごっこ」は継続できたが、相手の土俵にはなかなか踏み込めなかった。

## 身分を明かすと逆ギレ

しばらく音信不通状態が続いた。再び私のほうからメッセージを送ってみると、何事もなかったかのようにご機嫌伺いの返信があった。そして今度は別の要求が送られてきた。

「日本に荷物を送りたい。中には約160万米ドル（約1億7700万円）が入っているわ。あなたが受け取り次第、私は軍を除隊し、訪日してあなたと一緒に不動産ビジネスをしたい」

国際運送会社とおぼしきウェブサイトアドレスも添付されている。その運送会社に荷物を預けているので、日本への搬送手続きをして欲しいというのだ。これは第1章の最初に登場した香奈が被害を受けた時と同様の手口である。早速、言われた通りにメールを送ると、同社の担当者である「ジョンソン」という人物から返信が届いた。

「あなたが受取人の荷物を預かっています。国際搬送の準備ができているので、以下の情報を提供ください」

今度は総司令官の時ほど個人情報をさらさなくて済みそうだ。その内容に従って氏名、住所、電話番号を伝えると、荷物搬送や通関手数料など合計4500米ドル（約50万円）の支払いを要求してきた。返信を保留にしたところ、催促のメールが届く。

運送会社のウェブサイトにアクセスすると、駅のホームを駆け抜ける赤い列車や勤務中の社員とみられる写真が掲載され、それっぽい作りだ。私のトラッキング・ナンバーを所定欄に入力すると、画面が切り替わり、私の氏名や住所、電話番号などの個人情報に加え、荷物「31キロ」、保管場所「ロンドン」などのデータも表示されている。

同社の電話番号は、英国の国番号「44」で始まる。ためしに電話をかけてみたが、「現在使われておりません」と英語のアナウンスが流れた。私はジョンソンに「尋ねたいことがあるので、通話可能な番号を教えて欲しい」」とメールで伝えると、新たな英国の電話番号が届いた。今度はつながった。

「こちらはジョンソンだ。問い合わせがあると聞いているが、何でしょう？」

相手は若い男性の声。しかもアフリカ訛《なま》りの英語だ。背後に雑音が全くしないから、個室にいるのだろう。

「450ドルを支払えとのことだが、指定の口座番号を教えて欲しい」

「荷物の送り主は誰ですか？」

私がそう立て続けに尋ねると、ジョンソンは答えた。

「口座番号はメールで送るよ。送り主は女性だよ」

その直後に電話が切れた。

再び掛けるも「現在通話ができません」のアナウンス。ボロが出る危険のある長電話はしないというつもりか。相手は「ヒット&アウェイ」の作戦を取っているようだ。

間もなく振り込み先がメールで届いた。そこには大手銀行佐賀支店の日本人男性の口座情報が、アルファベットで記されていた。運送会社だけは実在するのかと思っていたが、振り込み先が個人の口座だと知り、私は架空の会社だと判断した。

口座名義の日本人男性は一体、何者なのか。ＡＴＭで確認すると実在する口座だった。フェイスブックで同一人物とみられるアカウントを見つけたので、メッセージを送ったが、既読にはならなかった。

そうこうしているうちに、「警告」と題して、支払いを催促するメールが再び届く。この間にも私はジェニファーと毎日やり取りを続け、「私の荷物が心配だわ。どうなっているの？」と急《せ》かされていた。

そろそろ身元を明かしたほうがいいだろう。そう判断した私は、次のようなメールを、ジェニファーとジョンソンの双方に送った。

〈荷物の搬送料を支払う前に伝えたいことがある。支払いを済ませても荷物が届かなかったという被害がこれまでに多数報告されている。私はそうした被害者に取材を重ねてきたジャーナリストだ。あなた方からフェイスブックを通じて接触があった段階で、国際ロマンス詐欺に関わる犯行グループの一味ではないかと疑っていた。以降、やり取りを続ける

うちに、その疑いは確信に変わった〉

　ジェニファーたちに「最後通告」を送った直後――。彼女から届いたメッセージには、もはや「ハニー！」という甘い言葉は見当たらなかった。

「あなたの言っていることが分からない。私が詐欺師とでも言いたいの？」

「あなたがそんな言葉を私に浴びせるなんて、信じられない」

　私はそれまでの取材に基づいて犯人の手口を詳細に説明し、ジェニファーが荷物を預けたという国際運送会社は「フェイク」だと指摘した。するとジェニファーは、ややキレ気味な返信をしてきた。

「私は彼らの一味ではない。私を詐欺師呼ばわりするな。あなたはバカだ！」

　涙ぐむ黄色い小鳥のスタンプも添えられている。残念な心境とでも言いたいのだろうか。

　念のために私は、米軍所属を示すＩＤを送るように伝えると、こう回答してきた。

「分かったよ。ＩＤを受け取ったら荷物の送料を支払って欲しい。私が日本に到着したら返金するから」

土俵際で粘るジェニファー。だが、「ニセ兵士」である彼女に本物のIDがあるはずもない。

「今日の任務が終わったらIDを送るわ」

そう言ったきり、ジェニファーからの連絡はついに途絶えた。

国際運送会社のジョンソンからも返信があった。

「あなたと送り主（ジェニファー）との関係にまで我々は関知しません。あなたは弊社を侮辱した。だから罰則を受けてもらう。荷物は没収する」

一体何の罰則なのだろう。もはや支離滅裂《しりめつれつ》だ。駄目押しに私は、イギリスの企業登記局にジョンソンの会社が登録されていなかった事実を伝え、説明を求めるメールを送った。

予想通り、梨《なし》の礫《つぶて》だった。

## 口座貸しの「闇バイト」

それにしても口座名義の日本人男性は、犯罪に加担しているリスクを認識しているのだろうか。

ロマンス詐欺を含む詐欺事件に関連し、こうした口座貸しに象徴される「闇バイト」が、日本国内で相次いでいる。別の事件だが、私はジェニファーに最後通告を送ったのとほぼ同時期に、口座貸しで罪に問われた外国人男性を取材していた。

2021年10月7日午後、山口地裁第1号法廷。

「申し訳ありません」

涙ながらに謝罪する弱々しい声が、傍聴席まで聞こえる。証言台に立っているのは、スラッとした体型の黒人男性。日本在住13年というナイジェリア人（39歳）の被告だった。

罪状は、日本人男性に対する詐欺で不正に得た現金の振り込み先口座を提供し、報酬として30万円を引き出したというもので、窃盗の罪に問われていた。つまり犯罪組織の末端に当たる「出し子」だ。

被告は2019～20年に複数の犯人と共謀し、3件の国際ロマンス詐欺事件に関与したとして逮捕されていた。犯行グループが西アフリカにいることは目星をつけていたが、日本国内にも加担している「周辺分子」がいたのだ。この3件はいずれも嫌疑不十分で不起訴となっていたが、唯一、今回の事件だけが起訴され、この日の初公判に出廷した。

結果的にこの事件は国際ロマンス詐欺ではなかったが、被告は知人のナイジェリア人2人からの指示で自身のものを含む複数の口座情報を提供したと認めた。振り込まれた現金については「輸出業に関するお金だと聞いていた。違法行為で入手されたのかもしれない」と証言し、出所の違法性を認識していた。

知人2人の背後には、犯罪組織の影がちらついているが、検察からその点を問われると、「全く知らない」と首を振った。

被告は福岡県で飲食店を経営し、その運転資金が必要になって犯行に及んだという。日本人被害者とは会ったことも、電話でやり取りしたこともなく、すでに示談が成立している。

公判終了後、私は被告が勾留されている山口拘置所へ向かった。面会に応じた彼は、虚《うつ》ろな表情を浮かべ、日本語でこう訴えた。

「私は悪い人じゃない。日本にいて喧嘩もない、問題ない。私は今まで仕事しかしていない。今回のことはもう忘れたい」

公判でも一貫して反省の色を滲ませていた被告。どこで歯車が狂ってしまったのか。ひょっとしたら「口座を貸すだけ」という軽い気持ちから始まったのだろうか。そしてそれは、あの口座名義の日本人男性にも当てはまるのかもしれない。

**「実は僕、ナイジェリア人なんだ」**

果たしてジェニファーはどこに身を隠してしまったのか。

半年もやり取りを続けてきた彼女との連絡はすっかり途絶えてしまい、もう「ハニー！」と呼ばれることはない。ロマンス詐欺犯に騙されたフリをしていたとはいえ、それはそれでどこか刺激のない現実に引き戻されたようで、ジェニファーとの「非日常」が去っていたことに一抹の寂しさを覚えている自分がいた。きっと被害者たちにとっても、連絡を取り合っていた時間は夢見心地だったのだろう。

そんなことを考えていたら、1週間後にまた彼女からLINEの通知が来た。

届いたのはメッセージではなく、黄色い小鳥が滂沱《ぼうだ》の涙を流すあのスタンプ。何を訴えようとしているのか。それともまだ私に「未練」があるというのだろうか——。

相手の本性にもっと迫ってみたかった。メッセージのやり取りだけでなく、写真の向こう側にいるはずの誰かを、この目で確かめてみたかった。であればこれ以上の糾弾は得策ではない。そんな思いから、私はできるだけ優しい言葉を選び、ＬＩＮＥでジェニファーにこう返した。

「あなたは今どこにいるの？　私はあなたを非難するつもりはないから、心配しなくて大丈夫だよ」

　すると、ジェニファーからの返信は何気ないものだった。

「今日の気分はどうなの？」

　挨拶がわりの返事をすると、意外な要求が届いた。

「友達になってくれない？」

　一体、どういう風の吹き回しだろうか。こちらがジェニファーのことを詐欺師呼ばわりしたため、逆ギレされた挙句にやり取りが途絶えた。そして再開した途端、国境を越えた「友情」を結びたいと申し出てきたのだ。

「もちろん！　もし本当のことを話してくれたら、喜んで友達になるよ」

　私は少し皮肉を込めて了承すると、続く返信に一瞬、目が点になった。

「実は僕、ナイジェリア人なんだ。あなたにやったことすべてに対して申し訳なかった」

突然出てきた謝罪の言葉。彼の名前は「フランシス」で、まだ18歳だという。これまでのやり取りからある程度の察しはついたとはいえ、本当に西アフリカ出身だったのだ。

その後、ＬＩＮＥのビデオ通話をする機会を得た。

「カメラをオンにして！」

アフリカ訛りの英語で指示された通りにスマホの表示ボタンを押すと、真っ黒い上半身が画面に現れた。背景は白い壁だから、そのコントラストが一瞬、不気味に映った。フランシスは部屋にいるようだが、逆光で顔が影になっている。

「顔がよく見えない」

そう伝えると、彼は光が当たる場所へ移動した。

そこには間違いなくジェニファーではない人物が映っていた。

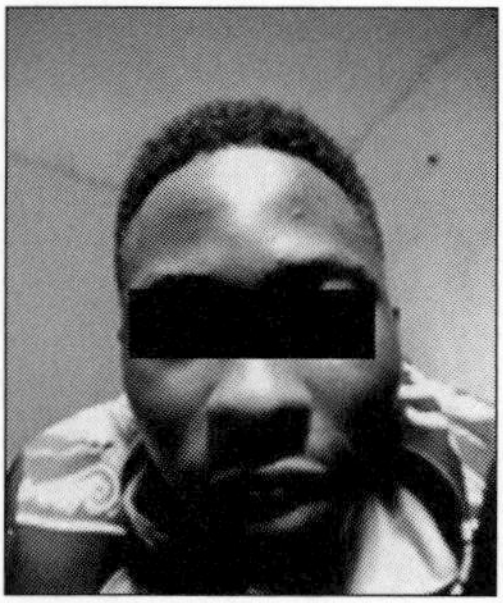

ビデオ通話に応じた
フラシンス

短いチリチリ頭の黒人の青年。彫りが深くいかつい顔立ちだが、私の顔を見るなり白い歯を見せて笑うその表情には、まだあどけなさが残っていた。私の脳裏には、真っ白い肌をしたジェニファーのグラマーな姿が焼き付いていただけに、対面した「実物」とのギャップにまず度肝《どぎも》を抜かれた。

私はこの目の前の青年と「恋愛ごっこ」をしていたのか――。

そこに国際ロマンス詐欺の本質を見たような気がした。

## 単独犯を主張

「元気にしているかい？」

フランシスからそう問い掛けられ、私たちは会話を始めた。ジェニファーとの「仮想恋愛」が、フランシスとの「仮想友情」に変わろうとしていた。

時間は日本の午前1時過ぎ。東京から西に、飛行時間にして約20時間離れたナイジェリアは前日の午後5時過ぎだった。

早速、私のほうからこう切り出した。

「今年（2021年）の3月からフェイスブックとLINEでやり取りを続けたが、あなたの手口は間違いなく詐欺だよ」

フランシスは小声でうなずいてから、「申し訳なかった」と再び詫び、こう言葉を継いだ。

「この国の経済状況が厳しいから仕方がないんだ。仕事もなく、政府もダメだ」

自国の貧困が原因だと主張し、犯行に及んだ事実を認めたフランシス。現在、人口約2億1000万人のナイジェリア最大都市、ラゴスのアパートに1人で住んでいるという。東京を上回る人口を抱えるラゴス（約1500万人）は、同国南西部に位置し、ギニア湾に面した港町である。首都は1991年、中部のアブジャへ移されたが、ラゴスは現在も経済の中心地である。

「大学で法律の勉強をしたいけど、お金がない。今は、週3日のペースで清掃の仕事をしているよ。日当は1日、1000ナイラ（約200円）。両親はいるけど、父は病気で仕事をしていない。母は農民だ。僕のほかに姉妹が6人いて、うち1人は仕事をしているけど、あとの5人は学生だ。貧しい家庭なんだ」

フランシスは窮状をそう訴え、部屋の中をスマホのカメラ映像で見せてくれた。コンクリートむき出しのワンルームで、扇風機とマットが置かれただけの、質素な部屋だった。

「ここは電気がないんだ」

というフランシスの顔は、日が暮れていくにつれ、少しずつ影を帯びていった。だが、同情は禁物である。

フランシスは現在、私以外に「ドイツ人男性2人とやり取りしている」と明かす。現金は「取っていない」と否定したが、要はまだ国際ロマンス詐欺を続けているのだ。

話をしながらふと、フランシスの声には何となく聞き覚えがあることに気づいた。それはジェニファーが荷物を預けたという架空の国際運送会社の担当者で、「ジョンソン」と名乗る男が話す英語の訛りに、そっくりだったからだ。

「ジョンソンはあなただろ?」

そう尋ねると、一呼吸置いてフランシスは、

「イエス」

と答えた。つまり1人でジェニファーとジョンソンの二役をこなしていたのだ。

「私は1人でやっている。(犯行)グループに属しているわけではない」

## グーグルプレイ攻撃

このあたりでLINE電話がいきなり切れた。だが、すぐにフランシスからメッセージが入った。

「ごめんなさい。データが終了しました」

「データ」というのはおそらく、プリペイドカードのようなもので、チャージした金額分を使い切ってしまったということだろう。その証拠にこんな要求がきた。

「グーグルプレイカードを送って欲しい」

末尾には両手を合わせて懇願する絵柄のスタンプが2個。「グーグルプレイギフトカード」とは、チャージすることによって有料アプリや映画、音楽、書籍などを購入できるプリペイドカードの一種で、価格は1500円〜2万円まで段階的に分かれている。

「グーグルプレイカードがあれば、また電話で話ができるよ」

新たに私を「誘惑」するフランシス。そこで私は、

「もう一度だけ今、電話で少し話ができないか」

と尋ねると、あっさり「OK」と返ってきた。「データが終了した」と言う割には、つながるではないか。とにもかくにも、再びフランシスとのビデオ通話が始まった。

しかし、この通話で確認できたのは、ジェニファーの写真は他人のインスタグラムから無断で悪用したことぐらい。それ以上、犯行の背景や詳細について踏み込もうとすると、こう繰り返した。

「グーグルプレイカードを明日には送って欲しい」

翌日も、LINEのメッセージによる「グーグルプレイ攻撃」は続いた。

「友達になりたい」と近づいてきたその心は結局、「金づる」を作る目的でしかなかったのだ。それでも何とかしてもう一度電話で話したいと伝えると、しびれをきらしたのか、今度はフランシスが私への「最後通告」を突き付けてきた。

「僕は昨日から何も食べていないんだ」

「僕はもう人生に疲れた。自殺するつもりだ。申し訳ないが、あなたとは二度と言葉を交わすことができない」

以後、再び連絡が途絶えた。最後通告から4日後、今度は私から、号泣する小鳥のスタ

ンプを送信すると、すぐに既読になり、

「おはよう。今日は元気かい？」

と返事が届いた。

「自殺」はどこにいったのか……。そしてまたいつもの〝あれ〟が始まった。

「グーグルプレイカードを送ってくれ！」

国境を越えた「友情」はこうしてあっけなく終わってしまった。

フランシスが語ったナイジェリアの窮状とは一体、どのようなものなのか。彼と同じように、貧しい家庭環境から国際ロマンス詐欺に手を染める若者は多いのだろうか。詐欺師1人当たりにつきいくらぐらいのお金を騙し取り、何に使っているのか。本当に貧困が原因で犯行に及ぶのか。

そんな疑問を抱かせてくれるナイジェリアという国に、私は足を運んでみたくなった。

## ナイジェリアの「ヤフーボーイ」

フランシスにはその後、「ナイジェリアに行ってみたい」と伝えた。だが、「グーグルプレイ攻撃」が収まらないので、「真面目に言っているんだよ」と釘を刺した。それでもフランシスの反応が芳《かんば》しくない。

「どうしてナイジェリアに来たいの?」

「僕はとても貧しい。お金もないからあなたに会うことはできない」

航空券を予約したら連絡すると返信すると、今度はこう返ってきた。

「僕はとても怖い。あなたがナイジェリアに来る目的が分からないからだ」

そして挙句、こう訴えるのだ。

「あなたは僕を逮捕するために(ナイジェリアに)来るのですか? 僕のために家族に迷惑をかけたくないんだ」

どうやら私は捜査機関の人間かもしれないと、警戒されているようだ。あらためて私は日本のジャーナリストで、国際ロマンス詐欺について取材をしている旨を伝えたが、フランシスの警戒心はなかなか解けなかった。そこで私は、フランシスとのつかず離れずの関係を維持しながら、在日ナイジェリア人コミュニティーへの取材を始めた。

ナイジェリアの人口(約2億1000万人)は世界第7位を誇り、アフリカでは最も多い。日本国内にも約3500人の在日ナイジェリア人が生活しており、私はその中でも関東地方でバーや飲食店を経営しているナイジェリア人に接触しながら、ロマンス詐欺の犯行グループに近づく手がかりを探していた。

その過程で2022年6月、筑波大学の博士課程に在籍しているイケンナ・ウェケさん（39歳）と会った。彼はナイジェリア北東部を中心にテロ行為を続けるイスラム過激派組織「ボコ・ハラム」について研究している。来日したのは2013年。滞在歴は10年になる。

広大な敷地に建つ筑波大のキャンパスの研究室で、イケンナさんはこんなYouTube動画を見せてくれた。

草原に高級外車が次々と走り込んでくる。ラップ調の音楽が流れ始め、赤いシャツにシルクハット、サングラスをかけた黒人男性が、ノリノリのダンスを踊りながらこう歌う。

「オッオー！　ヤフー！（Yahoo）オッオー！　ヤフーゼ！（Yahooze）」

高級外車が並んで停車し、今度はその前で黒人男性が踊り続ける。

続いて、ワインがたくさん保管された貯蔵庫が映し出され、札束を握りしめた黒人の男たちが若い女性を侍《はべ》らせ、我が物顔でソファに座っている——。

この動画が撮影された場所はナイジェリアで、BGMに流れている歌は、ナイジェリア人男性歌手の声だ。歌のタイトルは「Yahooze」。動画は2007年12月にアップされ、これまでに約103万回再生されている。その映像を見ながら、イケンナさんが解説してくれた。

「彼らはヤフーボーイっていうんだ。ロマンス詐欺など色々な詐欺をはたらいて外国人から大金を詐取し、それで高級車を買い、クラブで女性と遊んだりしているんだよ。詐欺師たちはまだフェイスブックがない時代から、ヤフーメールを使って被害者にアプローチしていた。だからヤフーボーイと呼ばれてるんだ。これは彼らをテーマにした動画だよ。ネットで知り合った相手から暗号資産やギフトカードの購入を持ちかけられ、相手がナイジェリア人ならまずヤフーボーイと思って間違いないよ」

YahooBoy(ヤフーボーイ)——。

研究室にその言葉が響き渡った。私がやり取りをしていた「ジェニファー」ことフランシスも、ヤフーボーイなのだろうか。

## 起源は「ナイジェリアン・プリンス」

イケンナさんによれば、ナイジェリアでは1980年代、後の「ヤフーボーイ」につながる土壌となった詐欺事件が起きた。

「ナイジェリアン・プリンスっていう言葉を聞いたことがあるかい？」

直訳すれば「ナイジェリアの王子」という意味だ。

当時の事件は、その名前にちなんで「ナイジェリアン・プリンス詐欺」あるいは「ナイジェリアからの手紙」と呼ばれていた。手口はこうだ。

王族や政府高官を装った人物から次のような内容の手紙やFAXが企業に届く。

〈私の父親は政府高官です。その父親が先日、亡くなり、多額の遺産が残りました。しかしナイジェリア政府はその遺産を差し押さえようとしています。私は遺産を海外に送金し

たいので、あなたの銀行口座を貸していただけますか〉

銀行口座を貸すとその遺産の一部を謝礼として渡すと持ちかけ、手数料名目で金品が騙し取られる。この詐欺は、ナイジェリアの刑法419号に抵触するため、別名「419詐欺」とも呼ばれた。犯人は主に、かつてアフリカを植民地化した欧州各国を標的に、詐欺を仕掛けていた。

ナイジェリアの歴史を紐解くと、旧宗主国の英国から独立したのが1960年。以降、軍事クーデターが繰り返され、政情不安が続いた。90年代に入ると政府は独裁色を一層強め、特にサニ・アバチャ大統領の軍事政権は、汚職によって著しく腐敗していた。アバチャ大統領は公金から何十億ドルもの大金を横領し、海外に移送したとして告発された。

現代的な感覚からすれば、見知らぬ「要人」からのこうした申し出には違和感を覚えるだろう。ところが当時の政府の腐敗体質は報道などで海外にも知れ渡っていたため、その背景を知っていた被害者たちは、手紙の内容に信憑性を見出し、騙されてしまったと考えられる。

この手の詐欺の標的はやがて、アジア、中南米へと広がった。日本人の被害は1999年に報告されている。神奈川県の中古車輸出業の男性が「コンゴの軍人」と名乗る者から手紙を受け取り、「内戦の混乱で引き出した2000万ドルを移したい。口座を貸してくれれば謝礼を渡す」と持ちかけられた。その後、打ち合わせのために南アフリカに渡って誘拐され、数百万円を奪われた。

こうした手口は、インターネットが普及したことで、手紙がメールに変わり、犯行グループはヤフーメールを使って被害者とやり取りするようになった。近年はSNSやマッチングアプリを使ったロマンス詐欺という新たな手口が生まれているが、もとはと言えば、ナイジェリア政府の腐敗を利用した手口に始まり、後にヤフーメールを使った名残が現在まで続いた結果、「ヤフーボーイ」という呼称が現地では定着しているのだ。ちなみに、隣国ガーナでも、同種の犯行グループは「Ｓａｋａｗａ Ｂｏｙ」（サカワボーイ）と呼ばれている。「サカワ」とは西アフリカに多くの話者を持つハウサ語で「入れる」を意味し、それにボーイがつくとネット詐欺で金を稼ぐ人のことを指す。イケンナさんが語る。

「ヤフーボーイになる若者たちは、必ずしも貧困層というわけではないのがポイントなんだ。彼らの多くは大学を卒業していて、パソコンやスマホで犯行に及んでいる。もし貧しい家庭なら、大学にも行けないし、パソコンも持てないだろ？　そして多くの若者たちが、ヤフーボーイに憧れているのも事実なんだ。大金を巻き上げて、高級車やマンションを買うことができるからね。ただ、ロマンス詐欺は手口としては小規模で、ヤフーボーイにとっては子供の遊びのようなもんだよ。彼らは時に、外国の企業を相手に詐欺をふっかけ、莫大な金を詐取することもあるんだ」

私の脳裏にフランシスの顔が浮かんだ。ビデオ通話で必死に窮状を訴え、グーグルプレイカードを何度も催促してくるあの姿を。彼に見せてもらった質素な部屋は確かに、貧しい暮らしぶりを象徴していた。とはいえスマホは持っていたのだ。

フランシスの語る「貧困」とは果たして、何を指すのだろうか。詐欺でお金を得ないと生活が成り立たないほど困窮しているのか。

## 「詐欺王」ハッシュパピー

「貧困」を自称するナイジェリアの若者たちにとって、詐欺で大富豪になった「憧れ」のような人物がいる。

2020年6月10日、アラブ首長国連邦（UAE）の中心都市、ドバイで、ナイジェリア人の男13人がオンライン詐欺に関与した疑いで逮捕された。そのうちの1人、ラボン・アバス（37歳）は、ナイジェリアでその名を知らない者はいないほどのインフルエンサーで、「ハッシュパピー」という別名を用いて大規模な詐欺を繰り返していた。

米司法当局などによると、彼らは米ニューヨークの法律事務所を誘導し、共犯者が管理する銀行口座に約92万ドル（約9900万円）を不正に振り込ませていた。このほかサッカーの英プレミアリーグのクラブに対し、関連企業を装ってメールを送り、1億2400万ドル（約181億円）を騙し取った疑いも持たれている。北朝鮮のハッカー集団を支援する目的での資金洗浄にも関与していた。ハッシュパピー率いる一味は、まさしく〝世界を股にかけた〟詐欺グループなのだ。

ドバイの警察は、高級マンションに押し入ってハッシュパピーらナイジェリア人13人の身柄を取り押さえ、高級外車13台、犯行に使われたとみられるパソコン21台、スマホ47台を押収した。それらのパソコンやスマホを調べたところ、詐欺の標的とみられる約200

万人のメールアドレスが見つかった。

ハッシュパピーが所持していたインスタグラムのアカウントは現在、閲覧できない。可能だったのは2022年末ごろまでで、高級外国車と並んで本人が堂々と写っている写真が何枚も投稿されていた。がっちりした体格で、ちりちり頭の髪は短く、顎髭をたっぷりたくわえている。大きな鼻に、分厚い唇、そして両腕にはタトゥー。一見すると、高級ブランドを身につけた金持ちビジネスマンという精悍《せいかん》な出立《いでた》ちで、その清潔感も相まって犯罪者という雰囲気は感じられない。保有している高級車はフェラーリ、ロールスロイス、ベントレーなどで、色鮮やかなモデルも登場する。自家用機に搭乗中の写真もある。時計や衣類、鞄もすべて高級ブランドばかりだ。フォロワーは288万人で、職業は「不動産ディベロッパー」。

ハッシュパピーは自身のSNSに豪華な暮らしぶりを投稿していた（インスタグラムより）

ハッシュパピーはラゴスの出身で、生まれ育ったのはスラムだった。父親はタクシーの運転手、母親は市場で働いていたという。ハッシュパピー自身は、高校時代に周りの生徒から教科書を盗んで売り捌《さば》き、退学処分を受けている。その後、別の高校へ通ったが、大学には進学せずにサイバー犯罪の世界に入り浸り、成り上がった。インスタへの投稿は2012年に始まり、その頃から「ハッシュパピー」という偽名を使い始めたとみられる。14年には犯行の拠点をマレーシアに、17年からはドバイに移し、その3年後に逮捕され、国際的なニュースになった。

日本でこの報道を知ったイケンナさんは、こんな思いに駆られた。

ハッシュパピーのような大規模な詐欺事件が、母国ナイジェリアの国際的なイメージを低下させ、海外で真面目に暮らしているナイジェリア人も偏見の目で見られるのではないか――。

この逮捕から9日後、イケンナさんはつくば駅前の広場で偶然、財布を拾った。急いで交番に届け、その出来事を自身のフェイスブックに投稿した。すると投稿は瞬く間に拡散され、巡り巡って母国のムハマンド・ブハリ大統領の耳にも届いた。投稿から約1週間後の7月4日、ブハリ大統領は、イケンナさんを讃える声明を発表した。

〈正直さや誠実さの価値、そしてそれが人間の本質であることを証明してくれた。美徳や礼節はナイジェリアの文化を象徴しており、犯罪や犯罪者はその一部でしかない〉

これを機にイケンナさんのもとには、日本とナイジェリアのメディアから取材が殺到し、ナイジェリアの国営放送でも報じられ、一躍、時の人となった。

自分の経験を活かして母国の若者たちに気づきを与えることはできないか。

財布を届け出てから3ヶ月後、イケンナさんは、正直で誠実な心の大切さを若者に伝える啓発活動を実施するため、母国に財団「INFO CLUB Nigeria」を立ち上げた。同財団はナイジェリア14州に拠点を持ち、財団のスタッフが各州の高校や大学でイベントを開催し、無私無欲の大切さや誠実さを伝える活動を行なっている。イケンナさんは日本に滞在しながら、ナイジェリアにいる財団のメンバーと頻繁にオンラインミーティングを行ない、活動の規模は全国にまで広がった。イケンナさんが力説する。

「ナイジェリアにはヤフーボーイになる若者がまだまだ多い。彼らは、ハッシュパピーのような成功者に憧れている。でもそれは貧困が原因ではないんだよ。楽して稼げる『イージーマニー』が欲しいから、まじめに働きたくないだけなんだ。パソコンの前に座ってメッセージのやり取りをして、投資話を持ち掛ける。そんなことでお金を手に入れられるなら、働くのがバカらしくなるよね。もし貧困が原因なら、詐取したお金を新しいビジネスに使えばいい。ところが彼らは夜のクラブに行って酒代に散財するだけさ。ＹｏｕＴｕｂｅ動画のように」

ソファに美女を侍らせ、札束が乱れ飛ぶ夜の街――。

「オッオー！　ヤフー！（Ｙａｈｏｏ）　オッオー！　ヤフーゼ！（Ｙａｈｏｏｚｅ）」

イケンナさんが見せてくれた動画の歌のワンフレーズが再び頭の中でこだまする。私の心はすでにナイジェリアに向かっていた。

# 第5章 ヤフーボーイたちの素顔

## ナイジェリアの〝洗礼〟

白い雲に覆《おお》われた上空を抜け、エチオピア航空901便がゆっくりと高度を下げ始めた。ナイジェリアの国名の由来となったニジェール川も見えないまま、機体はナイジェリア最大都市、ラゴスのムルタラ・ムハマンド国際空港に向けて着陸態勢に入った。窓辺から眼下に広がる街並みには、三角屋根の大きな家々が、きっちり区画整理されたように建ち並んでいる。道路が舗装《ほそう》されていないのだろうか、所々、赤茶けた土がむき出しだ。程なくして飛行機は滑走路に着陸した。轟音とともに機内が激しく揺れる。

現地時間は2023年2月23日正午過ぎ。

搭乗口を出ると、ムッとした熱気が漂っていた。気温は約33度。真冬の日本からやって来たから尚更、気温の変化には敏感になっていた。降り立ったターミナルは、お世辞にもきれいとは言えなかった。天井のパネルがめくれ、至る所が古びて老朽化していた。エアコンも音を立てて稼働はしているが、全く効いていない。静止したままのエスカレーターをカタカタと降り、「Welcome to Nigeria」という電光掲示板をくぐると、入国手続きが待

ナイジェリア連邦共和国の地図

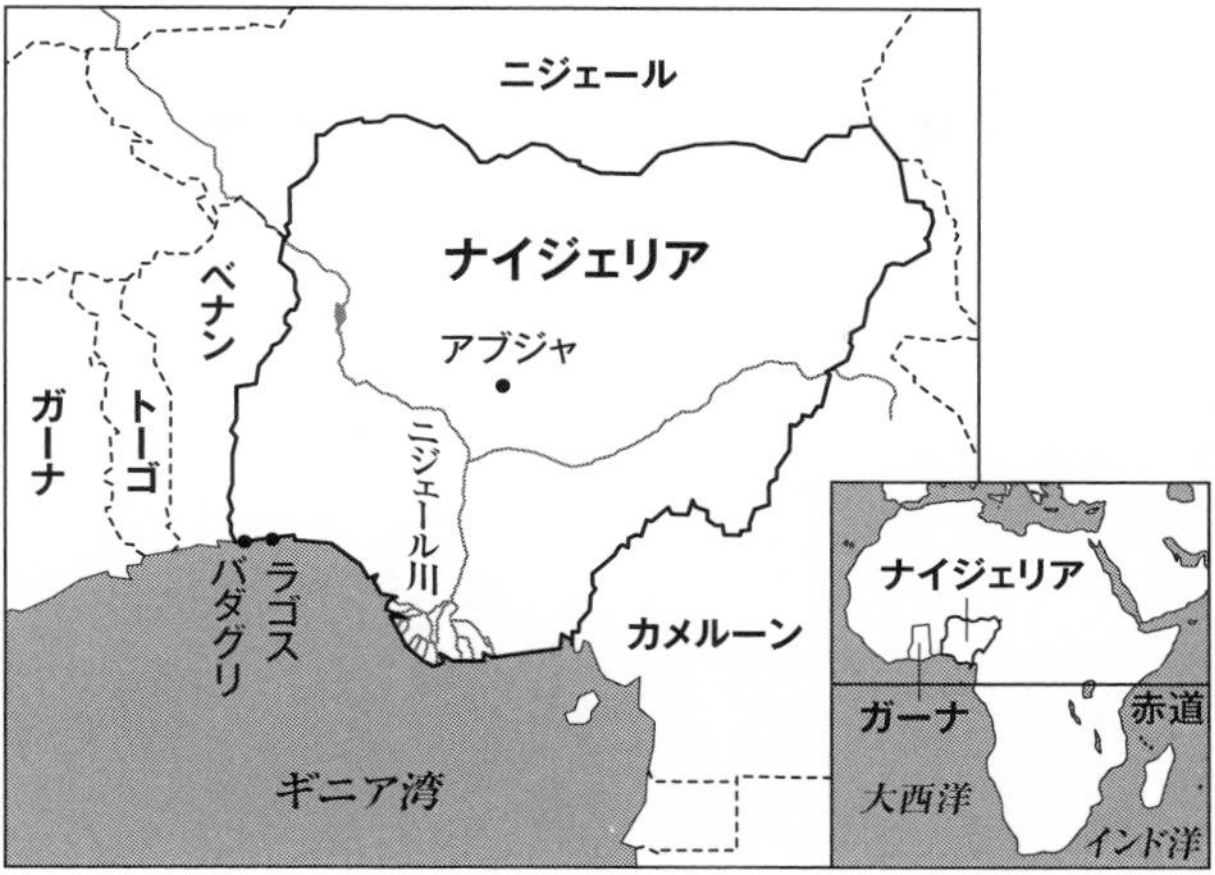


っていた。むさ苦しい暑さの上に、長蛇の列だ。額に汗が滲む。黒人の中に並んでいるから、目立って仕方がない。自分の番が回ってくると、制服を着た入管職員が物珍しそうに尋ねてきた。

「ナイジェリアは初めてか？」

その通りだと答えると、

「オウ！」

と少し驚いた表情に変わり、どういうわけか奥の暗がりに連れて行かれた。

「入国カードを記入してあげるよ」

一見、親切そうなその振る舞いに、嫌な予感がした。ともあれ指示された通りに電話番号など必要事項を口頭で伝え、職員が記入を終えた。

「もし気持ちがあるなら、幾ばくかのお金をくれないか」

軽く笑顔を返し、何も言わずにその場を立ち去った。

私は2004年から18年までフィリピンに滞在し、同国を中心にアジア各国を取材してきたが、この職員とのやり取りは、かつてのマニラ国際空港（ニノイ・アキノ国際空港）を彷彿とさせた。私の記憶では、暗殺されたベニグノ・アキノ元上院議員の息子、アキノ大統領が就任する2010年ごろまでは、特にクリスマスの時期には空港で職員たちから露骨にチップを要求された。今はさすがにそこまで表立ってはいないだろうが、当時の様子が頭の片隅に残っていたことも相まって、空の玄関口からいきなり、西アフリカの「常識」を突きつけられたような気がした。

無事に入国手続きを済ませ、スーツケースを受け取ると、客引きとみられる黒人男性が近寄ってきた。

「どこへ行くんだ？」

「待ち合わせをしているから大丈夫だよ」

そう伝えてターミナルを出ると、別の客引きたちが私を取り囲むように近づいてくる。

「タクシーに乗るならこっちだぞ！」

周囲を見回してもそれらしき人影は見当たらない。あまりキョロキョロしていると、迷っていると思われるのも好ましくない。スマホを取り出すと、待ち合わせている人物からメッセージが届いていた。

「渋滞に巻き込まれたので少し遅れる」

空港の両替店は、レートが良くないのが大体どこの国でも共通しているので、あえて両替はしなかった。だからスマホのＳＩＭカードも取り替えていない。連絡手段がないので、仕方なく1人の客引きにスマホを借り、その人物に電話をかけた。

「今空港に向かっているところだ！　もうすぐ着くよ。駐車場で待っていてくれないか？」

ナイジェリア訛りの英語が勢いよく聞こえてきた。了解して電話を切ったが、そもそも駐車場の場所が分からない。スマホを貸してくれた客引きが、「今の電話代を払ってくれよ！」としきりにせびってくる。それを振り払うように、他の到着客たちと同じ進行方向にとりあえず歩き出した。

現金もない、スマホもつながらない。

こんな無防備な状態で果たして、その人物に会えるのだろうか。この国は私が今までに訪れてきたアジア各国とは明らかに勝手が違う。

到着早々、そんな不安が一気に押し寄せてきた。

だが、それはすぐに杞憂《きゆう》に終わった。

## ヤフーボーイの正体

2日後、私はラゴス州内のある大学にいた。そこは空港で待ち合わせていた人物が勤める研究室で、デスクの後ろの壁にはダーツボードが貼り付けられ、何本かのダーツが刺さったままになっていた。

「論文を書いたりして頭が疲れた時や考え事をしている時に、気晴らしに投げるんだ」

犯罪学を専門にするその男性教授、アダム氏（仮名、40代）が、ボードのほうを見つめながら口を開いた。私が待ち合わせていたのは、このアダム教授だった。彼は現地でヤフーボーイの世界に最も食い込んだ、サイバー犯罪研究の第一人者だ。

ヤフーボーイの取材をどのように実現するのかについては、日本でイケンナさんと出会ってからも模索を続けていた。それこそ、私が半年以上もやり取りを続けていた「ジェニファー」ことフランシスにもイケンナさんを介して交渉してもらったが、返信はなかった。同じナイジェリア人から連絡してもこの結果なのだから、ヤフーボーイに直接会うのは極めてハードルが高いことが予想された。

サイバー犯罪研究の第一人者であるアダム教授

そもそも相手は犯罪者だ。普通にアプローチしても、フランシスのように警戒されるのがオチだ。仮に別の誰かを口説けたとしても、見ず知らずの日本人に、逮捕されるリスクを冒してまで話をする義理はないだろう。

これはなかなか難しい取材かもしれない。半ば諦めかけていた頃にたどり着いたのが、アダム教授だった。サイバー犯罪の報道や文献に当たる中で彼の存在を知ったのだ。2023年の年明け早々、SNSを通じて取材の可否を尋ねるメッセージを飛び込みで送ってみると、とても快い返事が届いた。

「あなたがもしナイジェリアに来るなら、ヤフーボーイたちをいくらでも紹介してあげるよ。私は彼らを観察し続けて10年になります」

この言葉が決め手となって私は、ナイジェリア行きの準備を進めた。

結論から記せば、彼のような水先案内人がいないと、ヤフーボーイの取材はまず難しいと言っていいだろう。ナイジェリア国内でも逮捕者は続出しており、よほどの信頼関係を築いていないと取材には応じてくれない。体当たり取材などもってのほかだ。

その点、アダム教授はヤフーボーイを研究対象にしている。日本から取材を申し込んだ私に対し、自らの研究論文を提供し、ヤフーボーイの取材の仲介までしてくれるという。

「ヤフーボーイたちは私を信頼してくれているので、あなたからの取材も大丈夫だ」

その研究室では、アダム教授の教え子たち数人がくつろいでいた。ソファに案内された私がしばらく座っていると、1人の男子学生がドアを開けて入ってきた。ショルダーバッグを肩に掛け、真面目そうな顔立ちだ。少し緊張しているのか、表情がやや硬い。

「彼が1人目の取材対象者です」

アダム教授に紹介されたその彼は、同じ大学の社会学部の学生で、教授の教え子だった。事前に少しだけ話には聞いていたが、国際ロマンス詐欺犯の正体が、まさか大学生だとは思わなかった。

これまで思い描いていた大金を詐取する悪党のイメージと、目の前の朴訥《ぼくとつ》そうな若者との間のギャップに戸惑いながらも、取材がスタートした。名前や年齢、ロマンス詐欺を始めたきっかけなど基本的なことを一通り聞いていくと、アダム教授が口を挟んでくる。

「次の学生が待っています。今度は女子大生です」

まだ十分に話を聞けていないうちから、そう急かされても、と思いながら一旦、最初の男子学生の取材を終えると、ジーンズを穿いた女子大生が研究室に入ってきた。その取材もある程度時間が経ったところで、またアダム教授が割り込んでくる。

「次は2人一緒に話を聞こう」

まるで患者の診察を次々にこなす医師のような状態で取材が続いた。そして現れた男子学生2人も同じく、アダム教授の教え子だった。

「まだあと数人いるよ。このペースだと今日中に全員のインタビューは終わらないねえ」

この大学には一体、何人のロマンス詐欺犯が「潜伏」しているのだろうか。

アダム教授に聞けば、この大学だけでなく、ナイジェリア全土の大学生の多くが、スマホを駆使し、国際ロマンス詐欺をはじめとするサイバー犯罪に手を染めているというのだ。ナイジェリアでは、国際ロマンス詐欺は、サイバー犯罪をやる上では誰もが通る、いわば「入門編」のようなもの。サイバー犯罪に関与している若者たちは全員が、その手口を心得ているのだ。

日本では「ナイジェリアを拠点とする犯行グループ」などと報道され、黒幕がいる危険な犯罪組織が関与しているかのように捉えられがちだが、実行犯には、大学生を中心とする18〜30歳の若者たちが多いのだという。だが、彼らのうちの一部がその後、大金を詐取して成金《なりきん》になり、ハッシュパピーのように豪華絢爛な生活を送っている——。ゆえに学生といえどもその「予備軍」なのである。

アダム教授に紹介してもらったヤフーボーイは一部を除き、いずれも彼の教え子や卒業生たちだ。自身の学生とはいえ、相手はナイジェリアのサイバー犯罪取締法を犯している犯罪者だ。逮捕されれば、禁錮5年以内もしくは罰金1000万ナイラ（約170万円）

を科される可能性がある。本来であれば学生を指導する立場上、犯罪行為を止めさせるべきである。だが、ナイジェリアの若者たちは「10人中、8人ぐらいがサイバー犯罪に関与している」（ラゴス州警察でサイバー犯罪を専門に取り締まる捜査員）という状況。刑期こそ長いが、日本で言えば未成年者の飲酒や喫煙（いずれも50万円以下の罰金）に近い感覚かもしれない。犯罪ではあるが、石を投げれば当たるほど若者たちが手を染めているため、彼らにはそれほど深刻な犯罪という認識もない。

とはいえアダム教授にとってはジレンマなのだ。なぜなら自身はサイバー犯罪を研究対象としているから、学生を指導、更生させようとすれば、たちまち研究テーマが成り立たなくなる。せめてもの倫理として、警察には事前に承諾を得ているという。

このように特殊な事情や犯罪に対する各国の捉え方の違いを鑑み、大学名の公表、およびアダム教授の実名を明かすのはここでは控えることとした。また、取材の際は録音やビデオの録画、写真撮影も許可してもらっている上、彼らが実際に、外国人とメッセージの交換をしているスマホの履歴も確認しているが、いずれも匿名を条件として取材を行なったことを付記しておく。

## ポルノ女優とインフルエンサー

薄暗い部屋に、セミダブルのベッドが2つ並んでいる。広さは8畳ぐらいだろうか。そのほかには木製のシューズラックと1ドア冷蔵庫が置かれただけの、実に質素なアパートの一室だ。テレビもエアコンもない。隣の部屋は狭い台所で、そのすぐ隣がトイレ。水道が通っていないため、外の井戸から水を汲んでこなければならない。

ここはラゴス郊外にあるスラムの一角である。周辺には木やトタン屋根でできた小さな家や雑貨店が軒を連ね、舗装されていない砂道はガタガタだ。強い日差しの中、女の子たちは外で縄跳びを楽しみ、男児は水の入ったバケツを頭の上に載せ、バランスをとりながら器用に歩いている。私がフィリピンで何度も目にしたスラムと同じような光景が、そこには広がっていた。

欧米人や日本人たちから大金を巻き上げた、彼らの派手な生活ぶりを想像していただけに、その薄汚れたアパートが目の前に現れた途端、彼らの置かれた現実が垣間見えたような気がした。「学生だから」という事情もあるのだろうが、一般的な彼らの生活スタイルは、意外にも厳しいのかもしれない。それは、私がやり取りをしていたフランシスの部屋の様子とも重なった。

気温が30度を超す中、停電が続いて扇風機も止まっているため、部屋の中は蒸し風呂状態だ。メモを取るノートに汗が滴り落ちる中で、取材は始まった。

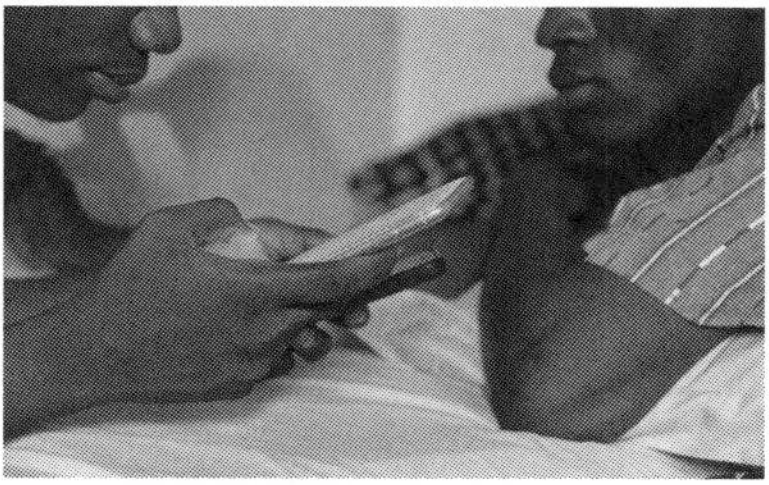
２台のスマホを駆使するレオン（左）。異母弟（右）もヤフーボーイだ

「高校生の頃、友達の影響でデイティング（「デートをする」の意で、国際ロマンス詐欺のこと）をやり始めたんだ。フェイスブックの偽アカウントの作り方や、相手にする外国人の探し方を一通り教えてもらい、あとは自分でスマホを使ってやっています」

まだ弱冠20歳のレオン（仮名）が、サイバー犯罪に手を染めたきっかけを語り始めた。彼もアダム教授の紹介で、研究室での慌ただしい取材の後日に尋ねたのだ。訛りの強い「ピジン・イングリッシュ」と呼ばれる英語を話し、耳が慣れていない私は何度も聞き返しながら取材した。

レオンはTシャツにロングパンツというラフな出立ちで、片手でスマホを操作し、アプリの偽アカウントの作り方を実演して見せてくれた。インスタグラムから容姿端麗な欧米人の写真をスクショし、それをトリミングしてプロフィールに貼り付ける。実に慣れた手つきだ。側で見ている私が声を上げて驚くと、彼は真っ白い歯を見せてくすくす笑う。その無邪気な表情からは、「犯罪者」の片鱗《へんりん》も感じられない。ただの1人の若者だ。

ヤフーボーイたちは、国際ロマンス詐欺のことを英語で「デイティング」と呼ぶ。詐欺の標的とする相手のことは「クライアント」である。日本では「被害者」だが、彼らからすると、お金を貢《みつ》いでくれる「お客さん」という認識なのだ。後述するが、こうした言葉の捉え方の違いが、ロマンス詐欺に対する罪の意識にも影響している。

レオンは米国人女性になりすまし、米国人男性を相手にロマンス詐欺を繰り返していた。インスタグラムからポルノ女優の写真をダウンロードし、それをプロフィールに貼り付けてフェイスブックなどの偽アカウントを作る。スマホのアルバムには、ポルノ女優の写真が大量に保存されていた。下着姿のブロンドヘアの女性、誕生日ケーキを手に舌を出す妖艶な女性、股を開いて正面を見つめる全裸の女性……。スクリーンに映し出されているだけでざっと数十枚はある。

ポルノ女優だけでなく、レオンはSNS上のインフルエンサーの写真や動画を悪用し、そのフォロワーやファンを狙う「セレブリティー」と呼ばれる手口についても明かした。第1章の香奈が本気になってしまった相手がまさにバンコク在住のインフルエンサーの写真を使っていたように、この手法はある程度、多用されている可能性があると見てよいだろう。フォロワーの多い有名人になりすますのは、彼らが毎日のように写真や動画を投稿しているため、被害者に送る「素材」に困らないからだ。バレるリスクも高い分、詐欺犯にも「メリット」があるのだ。

他に興味深かったのは、クライアントの探し方である。たとえば、と前置きをしてレオンが説明してくれた。

「トランプ前大統領の支持者らで作るグループの参加者に片っ端から友達申請し、『How are you?』とメッセージを送るんだ。対象は60代以上のお年寄りの男性です。なぜなら高齢者は若い人に比べ、SNSの事情に疎《うと》く、信じやすいからです」

日本で言う「情弱」(情報弱者の略)を標的にしているのだ。トランプ前大統領の支持者はあくまでたとえで、要するに参加者が大量に集まっていそうな政治団体やニュースの媒体、特定のグループなどに照準を絞り、そこでコメントを書き込んでいるアクティブな参加者を中心にメッセージを送るのである。

「まあ10人送って反応があるのは3〜4人です。それでやり取りが続けばグーグルチャットに移行します」

思えば日本人の被害者たちも、やり取りの場を最初にアプローチのあったSNSからLINEに移していた。アプリ変更の裏には、犯人側の明確な意図があったのだ。

「フェイスブックでやり取りをしているクライアントたちの中には、僕のアカウントの動きを不審に感じる人もいます。そういう人からフェイスブック側に通報されると、アカウントが使えなくなってしまう。その結果、そのアカウントを使ってやり取りをしていたクライアントまで失ってしまう。それを避けるために、ある程度のコミュニケーションがとれた段階で別のアプリに移すのです」

手口の巧妙さに思わず感心してしまった。

## 口説き文句の例文

レオンがクライアントに送るメッセージには、フォーマット（例文）まで用意されていた。メッセージアプリ「Telegram」にはその共有サイトがある。その1つ、「LEGIT_YAHOO_UP DATES」には、全部で200のフォーマットが保存されている。「カナダデート　フォーマット」「グッド　モーニング　メッセージ」「セックス　フォーマット」などと各ファイルに名称がつけられ、開いてみると口説き文句やセリフが入った英文が次々に出てきた。「グッド　モーニング　メッセージ」には13の例文が表示されていた。


〈普通の人は朝日が昇ると目覚めるけど、私はあなたのために目覚める。おはよう〉

〈あなたのそばで、そして腕の中で。これが毎朝目覚める時の一番良い方法よ。おはよう〉

〈この世の中は虚像と嘘にまみれている。でもあなたの瞳に映し出された愛情を感じられるだけ、私は運が良いほうよ。おはよう〉

ヤフーボーイたちはこれらの例文をコピペし、あるいは自分流にアレンジしてからクライアントに送信している——。それが被害者たちに送られた「愛の囁き」の正体だった。

もちろんそれだけに留まらない。レオンが続ける。

「相手に子供がいる場合は、子供を気遣うメッセージも送るよ。そうすれば僕が相手の家族の一員になったような気になるんだ。これも僕たちに共有されている口説き方だよ」

まさしく第1章の香奈が「How is your son?」、第2章の久志が「How is mom?」と挨拶がわりに言われて〝落ちて〟しまった手口と同じだ。2人はヤフーボーイたちの罠に完全にハマっていたのだ。

レオンのスマホにはこんな写真も保存されていた。点滴用のカテーテルが挿入された腕、中身が空っぽの冷蔵庫、液晶割れしたスマホ……。

「怪我をしたり、食べ物がないと偽って、それらの写真を送るんだ」

そう言ってレオンはまたくすくす笑う。「疑似恋愛」が過熱すると、レオンのほうから「結婚しよう」とプロポーズし、婚姻証明書まで偽造して送るほど、〝演出〟に凝っていた。

そうして相手を完全にその気にさせ、現金を引き出す。

レオンはこれまでに米国人男性4人から現金を騙し取ったと明かした。合計1800ドル（約25万円）というが、被害者の数や金額については、どこまで正直に話をしてくれているのか微妙なところである。ロマンス詐欺以外にも、たとえば英語で「Hook up」と呼ばれる性交渉を目的にした出会いや、「Sugar Baby」という大学生との援助交際などでも現金を詐取している。それでも小遣い稼ぎ程度にしかならず、定期的に振り込んでくれる「上客」にはまだ辿り着いていない。

「お金持ちのクライアントを見つけ出すには、出会い系サイトやアプリにそれなりの投資をしなければならない。先立つものがないので、そこにお金をかけられないんです」

## 植民地時代の「報復」という理屈

ヤフーボーイたちがやり取りの標的にしているのは、大半が欧米諸国の白人だ。その理由を問うと、レオンはこう語った。

「アフリカはかつて、イギリスやフランスの植民地にされ、奴隷貿易が行なわれた。我々の先祖が先進国に苦しめられた恨みを晴らすために、ヤフーボーイたちは詐欺をやっているんだよ」

西欧に虐《しいた》げられた苦難の過去に対する報復としてのロマンス詐欺だというのだ。第3章で沙也香を騙した中国人が、私とのやり取りの中で、南京大虐殺を持ち出したのと同じような理屈ではないか。

時代は遡ること15世紀。ポルトガル人が奴隷貿易の拠点とするため、西アフリカの沿岸部にラゴスを建設したことでナイジェリアの植民地化が始まった。17世紀になると、イギリスやフランス、スペインなどの欧州諸国は、新大陸等開拓のために奴隷を大量に購入し、南北アメリカや西インド諸島へ運んだ。この貿易は1834年にイギリスで奴隷制度が禁止されるまで続いた。

そんな人種差別の歴史を思い起こさせる博物館が今も、ラゴス州西部の「バダグリ」という町にある。ラゴス市の中心部から西に車で2時間ほど走ったギニア湾沿いの町で、隣国ベナンまではさらに西に20キロほど。国境を越えてベナンに入国すると、公用語が英語からフランス語に変わる。フランスの旧植民地だからだ。

バダグリにある「ブラジリアン　バラコン」というモルタル造りの建物は、奴隷たちが出航するまで待機させられた収容所のような場所だった。その建物に入ると、壁づたいに湯沸かし器、傘、大砲、アルコール飲料、鏡などのオブジェが展示されている。アダム教授と一緒に訪れた時のことで、ガイドのダミという青年が解説してくれた。

「アフリカ人の奴隷商人が近くのマーケットから奴隷を調達し、この建物に連れてきます。奴隷たちは10人でアルコール飲料、40人で傘、100人で大砲などと引き換えられ、3ヶ月ごとに1600人がブラジルへ連れて行かれました」

40人の奴隷が収容されていたという部屋は、わずか5～6畳ほどしかない密室だった。天井近くに小さな通気孔が1つだけあったが、さぞ息苦しかったに違いない。奴隷をつなぎ留める手錠、首輪、罰を与えられた奴隷の絵や当時の様子を示す書類なども展示されている。ダミが続ける。

「彼らには水も1日に1回しか与えられませんでした。奴隷には少数ですが女性や子供もいました。この収容所で船が来るのを待っていたのです。ここを出発し、ブラジルに渡ると、サトウキビ畑で働かされました」

博物館の近くにある桟橋からエンジンボートに乗り、川を渡って対岸のクベレフ島へ着いた。一度出発したら二度と戻って来られないことから、「ポイント・オブ・ノー・リターン」と呼ばれている場所だ。炎天下、砂道を数十分ほど歩くと、右手に井戸が現れた。当時、中に入っているのは「神聖な水」とされ、飲むと攻撃性を弱め、記憶がなくなると信じられていた。出航直前、奴隷たちはその水を飲まされ、さらに南に下ったギニア湾へ向かった。そしてこう別れを告げて出発したと言い伝えられている。

〈私はこの土地を去ります。私の魂も私とともに去ります。そして二度と戻ってくることはありません。（中略）知らない土地へ向かって出発します〉

眼前に広がるギニア湾の砂浜には、波が水飛沫をあげて勢いよく打ち寄せていた。彼らはそこから小舟に乗り、途中で大きな帆船に乗り換え、目的地へと向かったのである。

ダミの説明を一通り聞いた後、アダム教授が言った。

「今はこうした歴史は、ナイジェリアでも小学校で教えないんだ。ネガティブな感情を抱かせてしまうから、ここに来ない限りは学べないよ」

奴隷貿易は確かに、ナイジェリアにおける負の歴史であることは間違いない。だが、それが白人に対する報復感情によるロマンス詐欺につながるだろうか。レオンにそう問うと、迷わずこう答えた。

「ヤフーボーイたちは皆、植民地時代の歴史を持ち出すんだけど、犯罪を正当化するための言い訳かもしれないね。奴隷貿易のことは映画で観たから知っているけど、だからと言って僕自身は特に欧米に対する嫌悪感はありません」

確かに奴隷貿易という過去の歴史を持ち出すのは、犯行に至る大義名分としてもっともらしく聞こえる。だが、レオンの反応を見るに、彼らもその理屈が詭弁であることに、やはり気づいていた。

## スマホを米時間にセット

次にじっくり話を聞いたポロシャツ姿の男子学生、エマニュエル（仮名、25歳）が見せてくれたスマホの画面には、米テキサス州在住の56歳男性とのやり取りが映し出されていた。職業はトラック運転手で、黒縁メガネをかけ、野球帽をかぶっている。妻とは離婚し、子供が2人いる。
〈彼女は8月に子供を連れて家を出て行った〉（米国人男性）
〈今はどこに住んでいるの？　子供たちが無事なことを祈るわ〉（アンジェラ）
〈彼女の両親のもとにいるよ〉（米国人男性）
〈ベイビー、私があなたのところへ引っ越したら、子供たちを連れ戻せないの？　私が面倒をみるからさ〉（アンジェラ）
〈それはまだできないね。というのも元妻とは現在、係争中で、とにかく僕を避けているんだ。でもそう言ってくれてありがとう。君をとても愛しているよ〉（米国人男性）
アンジェラを演じているのはエマニュエルで、この男性からはすでに100ドルを送ってもらったという。このほか彼は数十人のクライアントとやり取りをしてきた。いずれも米国人男性だ。
「クライアントには毎朝8時ごろ、愛情あふれるメッセージを必ず送っているよ」
そう語るエマニュエルはスマホを2台持っているが、そのうちの1台は、時間を米国時間に合わせている。ナイジェリアは、クライアントが住む米テキサス州より6時間進んでおり、メッセージのタイミングを常に忘れないようにするためだ。実に用意周到である。

「テキサスの午前8時は、ナイジェリアが午後2時。だから大学の授業中にメッセージを送ることもあります。それに夜は大変です。米国時間で午後9時ごろにメッセージが届くと、こっちは午前3時。アンジェラは米国在住の設定なので、返信しないと怪しまれる。だからその時間帯まで起きて返信しています」

相手を落とすためには、「マメさ」が大事だという「恋愛の掟《おきて》」を心得ているようだ。

「メッセージはフォーマットからのコピペだけど。それを続けているとたまに相手が〝落ちる〟んです。その確信が得られた段階で、会いに行きたいから航空券代を送って欲しいと伝え、送金してもらいます」

IPアドレスも専用のアプリを使ってナイジェリアから米国に変えている。エマニュエルによると、このIPアドレスの偽装に加え、各国の携帯電話番号もネットで入手可能という。価格は1万ナイラ（約1700円）ほど。

私はフランシスとやり取りしていた時のことを思い出した。伝えられた電話番号の国番号「44」は英国だが、彼はラゴスに住んでいると言っていた。ナイジェリアの国番号は

「234」だからおかしいと思っていたが、これでその謎が解けた。フランシスは英国在住を装うため、電話番号を買っていたのだ。

同時にこういう見解も成り立つ。マッチングアプリを運営する日本の企業の中には、海外からのアクセスを禁止した企業もある。ところが、エマニュエルのようにIPアドレスや携帯番号を購入することで「日本在住」を装えば、この禁止措置も簡単にすり抜けられるだろう。ヤフーボーイたちのほうが、日本の企業より一枚も二枚も上手なのだ。

こうした巧妙な手口を使い、エマニュエルはクライアント1人当たり、少ない時で100ドル、多い時で400~500ドルを集めたという。それらのお金はスマホや衣類、食費などに充てており、最も高価な買い物は、35万ナイラ（約6万3000円）の中古ノートパソコンだった。

「生活していくための仕事と思ってやっています」

涼しい顔でそう語るエマニュエルだが、罪の意識はないのだろうか。前述のように相手のことを「クライアント」と呼び、現金を「コレクト」（集める）するというのが彼らの言い回しだ。言葉遣いからして「詐取」という認識が薄いように感じられる。

「犯罪だとは考えていません。繰り返しになるけど、あくまでお金を得るための仕事です。クライアントから現金を集めてはいるけど、支払いを強要しているわけではない。それにメッセージや写真を送り続け、クライアントを楽しませている。その対価としてのお金だとも思っています」

この取材はアダム教授の研究室で行なわれた。事前にエマニュエルの家で話を聞きたいと申し出たが、「両親は僕がヤフーボーイであることを知らないので、家でのインタビューはできない」と伝えられていた。やはり罪の意識があるのではないか。あらためてそう尋ねると、エマニュエルは否定してからこう語った。

「僕の父親はイスラム指導者です。僕がヤフーボーイであることが周囲に知られてしまうと父親の評判を落としかねない。それに両親からはヤフーボーイを止めるように言われるでしょう」

エマニュエルは大学を卒業し、定職に就けたらヤフーボーイから足を洗うという。

「でもそれはあくまで予定です」

その笑った口元が、彼の思惑を物語っているようだった。

## ヤフーガールの同情

フランシスがまだ「ジェニファー」だった時に、何度も電話で直接話をしたいと持ちかけ、その度に「軍の規定で電話は禁止されている」と断られ続けていたことはすでに述べた。だがある時、ジェニファーのほうから電話がかかってきたことがあった。受信してみると、妖艶《ようえん》な感じの、甘い女性の声が聞こえてきた。

「Hello!」

同じく「Hello!」と返すと、

「あなたの声が聞こえないわ。元気にしてますか？　あなたの声が聞こえないわ」

と言われ、「聞こえませんか？」と尋ねると、続けざまに何事かを英語で発しているが、電波の影響で聴き取りづらい。こちらの問いかけにも反応がなく、ジェニファーが一方的に話をしているような感じなのだ。間もなく電話は切れた。もう一度つながったが、同じような会話で、またもすぐに切れた。男性であるフランシスが女性を装っていたことを踏まえると、その女性の声は、あらかじめ録音した音声を流していると考えられた。ではその声の主は一体、誰なのか。もしくは電話対応だけの「女性要員」はいるのだろうか――。

そんなもやもやした思いを解消してくれたのが、女子大生のサラ（仮名、20歳）だった。黒いTシャツにジーパンというカジュアルな服装で、真っ赤なマニキュアが目立つ彼女はこんな証言をしてくれた。

きれいな英語を話すサラは、聡明な印象を与える女子大生だった

「私は友人のヤフーボーイたちから頼まれたら、その友人の代わりにクライアントと電話で話をしていました」
友人のヤフーボーイは男性なので、クライアントと話をしてしまうと、声で身バレしてしまう。サラが友人に代わって英語で話をすれば、実在する女性であると信頼させることができる。そんな彼女は、ヤフーボーイならぬ、ヤフーガールなのだ。
サラの発音は、ナイジェリア訛りが弱く、聞き取りやすい。だから米国人男性のクライアントが耳にしても、それほどの違和感は抱かないだろう。友人からは、小遣い程度のお金をもらって引き受けることもあれば、無償でやる時もあって、いずれも友人への好意で手伝っているだけだという。これまでに話したクライアントは20人弱。中には長時間、電話で話し込むほど親しくなるクライアントもいて、相手の状況を知れば知るほど、罪悪感を覚えてしまったと、サラは回想する。

「その相手は30代のアメリカ人男性でした。私の友人（ヤフーボーイ）と知り合う前に、妻と離婚をし、両親のもとに戻ったんです。それから私の友人に騙され、親のお金も使い込んでしまい、家を追い出された。送金しなかったら『関係を切る』と友人に迫られ、車も売ってお金を送り続けていたので、さすがに申し訳なく思って……」

ヤフーボーイの友人を説得して詐欺を止めさせようとしたが、聞く耳を持たなかったという。そのうち、偶然にも友人がやり取りしていた別のクライアントとその米国人男性が知り合いで、2人とも同じ写真の人物と「交際」していたことが発覚し、詐欺だとバレてしまった。問い詰められた友人は、2人ともブロックしたという。

「このアメリカ人は電話で30分ぐらい話をするようになり、友達のような関係になったのです。だから余計に同情しちゃって……。それ以外のクライアントとはこんなに親密にならないから、罪悪感はあまりないわ」

メッセージだけでなく、相手の声を聞き、生身《なまみ》の人間と言葉を交わしているという感覚が、感情移入させてしまったのだろう。ヤフーボーイたちは普段、クライアントと話をする機会がなく、メッセージだけで人間関係が形成されてしまうため、罪の意識が芽生えにくいのかもしれない。擁護するわけではないが、サラの話からそんな推測もできそうだ。

## 同性愛者をターゲットに

自分の顔写真や身分を晒さない匿名でのやり取りは、騙す側にとって好都合なことこの上ない。何か起きてもブロックすれば逃げられるし、日本では現状、アプリ側が情報を開示してくれない限り、被害者側にとっても追跡する手段がないからだ。「見破られない」というネット上のからくりが、ロマンス詐欺犯の絶対的な強みになっている。

「僕の場合は自分の顔写真をプロフィールに使っていて、誰かになりすましてはいません。だから合法です」

こう堂々と語るのはヤフーボーイのステファン（仮名、21歳）である。坊主頭で、少年のように澄んだ目をしている。

「相手の男性がゲイだから、僕もゲイとして振る舞っているだけなんだ」

プロフィールの写真や名前などの情報はすべて本物とはいえ、ステファンには彼女もいて、ゲイではない。性的指向についてはなりすましだ。それを「合法だ」と胸を張って言うことはできないだろう。

ナイジェリアでは2014年、同性愛者を罰する「同性婚禁止法」が成立した。違反すれば最大で禁錮14年にもなる重罪で、国際社会からも批判を浴びた。それでも国内では依然として性的少数者（LGBTQ）に対する見方は否定的で、国民の9割が受け入れを拒否しているとの世論調査もある。

そんな根強い差別が残る国でステファンがゲイを装った理由は、女性としてクライアントにアプローチをしても、競争相手が多く、一度も成功しなかったためだ。そこで作戦を変更してゲイを対象に絞ると、クライアントができた。

相手は高齢のドイツ人男性で、妻と子供4人がいるが、バイセクシャルだという。職業は会計士。フェイスブックのゲイコミュニティーで見つけた。写真を見せてもらうと、白髪で銀縁のメガネをかけた、紳士然とした人物だった。

「とても親切な人で、僕のことを養子のように接してくれます。彼のことは『おじいちゃん』と呼んでいます」

このドイツ人男性からは「孫」と呼ばれている。知り合ったのは3年前。毎日、メッセージや電話で連絡を取り合ううちに、「援助交際」に発展した。最初は「新しいスマホが欲しい」と伝えると、100ドルが送金され、続いてアパートの家賃や生活費などをお願いすると、少なくとも月々200ドルは送ってくれるようになった。ステファンはこの関係をキープし、大学を卒業したらドイツへ留学したいという。

「ドイツに来るなら学費や生活費の面倒もみてくれると言っています。もし関係を迫られたら断りますが、それで援助を打ち切るような人ではありません」

ステファンは彼のことをかなり信頼しているようだ。

「彼は自分の意思でお金を送っているのです。だから僕は騙しているつもりはありませんし、罪悪感もありません。そもそも、彼とのやり取りに自分の感情を入れていませんから」

多くの若者たちにとってサイバー犯罪は、麻薬のように中毒性がある。しかしそこに罪の意識がなければ、もはやギャンブルのような遊び感覚になってしまう。クライアント探しやメッセージでのやり取りに時間を費やし、信頼関係を築いていく。最初はなかなか反応がなくても種を蒔《ま》き続ければ、やがて金のなる木が芽を出し始める。最終的にお金を引き出すことができればしめたものだ。ましてやそれが一攫千金《いっかくせんきん》につながったり、ステファンのように定期的に送金してくれる関係を維持できれば、彼らにとって止める理由はなくなってしまうだろう。

## 詐欺犯「養成スクール」

ヤフーボーイの多くは、友人を通じてロマンス詐欺の手口を学んでいる。ところが、取材した中には「養成スクール」のような場所で、先輩にあたる「先生」から仕込んでもらう者もいた。スクールと言っても教室があるわけでなく、家やアパートで独自に行なう家庭教師付き個別学習のような形態で、少人数制だという。ナイジェリアでは、そのスクールのことを「ＨＫ」（Hustling Kingdom）と呼ぶ。「Hustle」には「博打で稼ぐ」という意味があるから、直訳すれば「博打で稼ぐ王国」という表現になろうか。

大学を卒業してから、ＨＫを体験したというビクトル（仮名、25歳）は、その環境について こう説明してくれた。

「そこはアパートの一室でした。ベッドルームが2部屋で、テレビやソファ、ダイニングテーブルなど家具はなんでも揃っていました。ゲームはプレイステーション4がありました。その部屋に、先生２人と僕の３人で暮らしていました」

レオンが住む部屋を見ていただけに、その口ぶりからビクトルはなかなか高級な部屋に住んでいたのが分かる。先生２人は少し年上のヤフーボーイだ。クライアントからそれなりに金を巻き上げていたとみられ、黒のベンツを乗り回していた。

ＨＫでの１日は午前11時ごろから始まる。部屋の掃除、皿洗いを済ませ、シャワーを浴びると正午から午後4時ごろまで「仕事」に取り掛かる。先生から与えられたノートパソコンを使い、フェイスブックで特定のグループにひたすら友達申請をする。

「ターゲットにしていたのは、アメリカに住んでいるアジア系の人たちです。特に移住した人は、不動産に投資をしている可能性があるからお金を持っていると、先生が教えてくれました。彼らを探すために、たとえば韓国のニュースサイトが持っているフェイスブックグループの参加者に申請をします」
仕事の休憩は夕方に2時間ほどで、その後、再び翌朝までその作業を続けているという。

使っているフェイスブックアカウントは、先生が他人から乗っ取ったもので、プロフィールの写真を差し替え、基本情報もすべて変更し、詐欺用の偽アカウントに仕立て上げる。

「アカウントの乗っ取りは、特定のポルノサイトを使います。そのポルノサイトを開くと、フェイスブックを使ってログインするよう指示され、被害者はフェイスブックのユーザーネームとパスワードを打ち込む。そのデータが、先生たちのメアドに自動転送されます。先生たちは、ポルノサイトをそのような設定にプログラムしているのです」

そうして入手したユーザーネームとパスワードを他人のアカウントに打ち込み、乗っ取るのだ。何やら高等な手口に聞こえるが、フェイスブックアカウントの乗っ取りはこの方法が一般的らしい。ナイジェリアでは、こうして乗っ取ったアカウントの売買まで行なわれており、アカウント1つにつき相場は1万5000～5万ナイラ（約2700～9000円）という。

ビクトルは偽アカウントを同時に50ほど使って友達申請をしていた。1つのアカウントで多数申請をすると、フェイスブック側から不審者扱いされ、アカウントをブロックされる可能性がある。この対処方法として、複数のアカウントを同時に使いこなしているのだ。

「もし友達申請を承認されたら、そのアカウントの所有者が米国在住かどうかを調べます。あるいは少しやり取りをして、住んでいる場所を尋ねることもあります。米国在住のアジア系クライアントとつながった段階で、そのアカウントを先生に引き継ぎます。あとは先生がクライアントとやり取りをします。友達申請だけをし続けるのは疲れる作業です」

HK（養成スクール）で生活している間、食事は無料で提供される。先生がクライアントから集金できたら、その5％がビクトルの報酬として支払われる仕組みだ。

ビクトルはHKで約3ヶ月生活したが、先生から「指示通りに動いていない」と叱られ、虐待のような扱いも受けたため、喧嘩別れして飛び出した。以来、ネットメディアの仕事を見つけたため、サイバー犯罪には関与していないという。

## 詐欺に手を染める事情

これまで取材してきたヤフーボーイたちに、サイバー犯罪に関わる動機を尋ねると、大半がこう口を揃える。

「生活のためです」

だが、日本の大学生が「生活のため」と言って、逮捕されるリスクを冒してまで詐欺をはたらくことは考えにくい。そこにはナイジェリア特有の事情があるのだ。しかも大半のヤフーボーイたちは、ロマンス詐欺が犯罪だと認識している。

「外国人からお金を集めるために、別人になりすましているのだから犯罪だよ」

前出のレオンはそう語る。ただ、そこまでの凶悪犯罪ではないという若者たちの共通認識から、罪の意識が低いのもまた事実だ。

レオンはラゴス州の北側に隣接するオヨ州で生まれ育った。ナイジェリアには言語や風習を異にする民族が250以上あり、中でもハウサ族(北部に多い。以下同)、イボ族(南東部)、ヨルバ族(南西部)は三大民族と言われる。南西部に位置するラゴス州と周辺はヨルバ族が多い。レオンはヨルバ族で、イスラム教徒である。ナイジェリアはイスラム教徒が5割を占め、4割がキリスト教徒で、残り1割が土着信仰の信者という割合だ。イスラム教徒は一夫多妻制が認められ、レオンは第一夫人の5人きょうだいの末っ子である。

「幼い頃に父親を亡くしています。どうして亡くなったのかは知らされていません。農業に詳しく、政治家だったと聞いています。その父が亡くなった時に、ラゴスにある孤児院に預けられたのです。だから母親ともあまり接点がなくて」

レオンは小中高とその孤児院から通った。ナイジェリアの教育制度は、初等教育6年、前期中等教育3年、後期中等教育3年で、日本と同じく6－3－3制だ。大学も同じく4年間である。

レオンは高校卒業と同時に孤児院を出ることになり、大学に進学してアパート暮らしを始めた。現在の部屋は、同じ大学の友人と2人でシェアしており、その友人もヤフーボーイである。家賃は年間15万ナイラ（約2万7000円）。日本円にして月々2000円強となる計算だが、同国の最低賃金が毎月約3万ナイラ（約5400円）であることを考えれば、学生にとって決して安くはないだろう。

その家賃と大学の授業料は孤児院が負担してくれるが、母親が生活費を送ってくれないため、自分でなんとかしなければならない。

「高校を終えたら孤児院も頻繁に支援はしてくれない。困った時に姉に電話をかければお金を送ってくれるけど、わずかな額です。だから学生生活を送るためには、ロマンス詐欺でお金を得る必要があるのです」

アルバイトはできないこともないが、学業との両立はなかなか難しく、ナイジェリアの大学生たちは親に頼っている場合が多い。その親からの支援が期待できないレオンにとっては、詐欺が「手っ取り早い」方法なのだ。しかも周りの友人たちがやって稼いでいるという環境の影響も受けやすかった。

生活費もさることながら、レオンの頭をさらに悩ませているのは、大学を卒業した後の将来についてだ。それは彼だけでなく、ナイジェリアの若者たち全体に広がっている閉塞感のように思われた。将来の夢について尋ねると、レオンはこう嘆息する。

「普通の生活ができるだけの給料がもらえる仕事に就きたい。それで十分だ。でもナイジェリアでは今、大学を卒業しても仕事に就くのは難しい。フィフティー・フィフティーの確率かな」

決してオーバーな言い方ではない。

ナイジェリア国家統計局によると、同国の就労人口における完全失業率は約33%。実に人口全体の3人に1人が仕事をしていないのだ。若者に限定すれば42・5%にも上る。日本の20代の同率が4%前後である状況を考えると、いかに高い数字かが分かるだろう。ゆえに大学を卒業しても、レオンの言葉通り、職に就くことができないのである。

ヤフーガールのサラもこう断言する。

「この国の若者は大学を卒業しても、親族が政府高官だったり役職についているなどのコネがないと就職できません。大学に進学していなければ99%仕事がないでしょう。もし就職できなければ、親に頼り続けるしかありません。それが嫌でヤフーボーイになる人もいます。政府は、年配の職員を退職させ、若者たちに就職の機会を与えてほしいと思います」

ナイジェリアの全人口約2億1000万人の平均年齢は18歳である。出生率は人口1000人当たり37人（2020年、世界銀行）で、日本の同7人の5倍以上だ。つまりナイジェリアでは、働き口が用意されていないのに次から次へと子供が生まれている。失業している人々は一体、どのように生活をしているのだろうか。JETRO（日本貿易振興機構）ラゴス事務所の谷波拓真《たになみたくま》所長が解説してくれた。

「ナイジェリアでは子供がたくさん生まれている中で、それに見合った仕事の数が特に民間で確保できていません。このため失業者たちは、家族や親戚の中で定職に就いている人の経済力にぶら下がっています。別名『ブラックタックス（黒い税金）』ともいわれています。ただ、野菜や家畜を育て、自給自足の生活をしている人も多いので、仕事がないからといってすぐに行き倒れになるわけでもない。年中、気候も暑いので、凍え死ぬこともなく、みなさんなんとなく生活できているのが現状です」

私が長年、生活をしていたフィリピンの環境に似ている。ただ、フィリピンの場合は、人口の約1割が海外へ働きに行くという「出稼ぎ大国」で、その送金が国の経済を潤《うるお》し、家族や親族を助けている側面が大きい。一方のナイジェリアは、自国のパスポートで渡航できる国が限られていることもあり、それほど出稼ぎ人口が多くないため、国内で自活しなければならない。

## 環境か「欲」か

若者の高い失業率以外に、ナイジェリアはどんな問題を抱えているのか。

私が今回、ラゴスを訪れた2023年2月下旬は、ちょうど大統領選の時期と重なった。

与党候補のティヌブ元ラゴス州知事に加え、最大野党候補のアブバカル元副大統領、若者に人気のある野党候補、オビ元アナンブラ州知事による事実上の三つ巴の争いになっていた。街中の至る所に候補者のポスターが貼られ、選挙ムード一色。投票日の2月25日、宿泊先のホテル近くの投票所には、有権者たちが炎天下、列をなして投票を待っていた。配られた投票用紙の候補者の欄に、人差し指で指紋をつけ、プラスチックのケースに投入していく。

彼らは次期大統領に一体、何を期待しているのだろうか。それを探ることで、ナイジェリアの国情をさらに理解できるのではと思い、私は投票者たちの声を拾った。

携帯電話の販売業に従事する男性(53歳)も、若者の失業率に言及した。

「大学を卒業しても仕事がないから、バイクの運転手になって客を運んだり、路上で物売りをしている若者もいるよ。仮に就職できても給料は低いし。だから若者たちはサイバー犯罪なんかに手を染めるんだ」

この男性は若者の就職難以外に、アフリカ最大の産油国でありながら、ガソリンを輸入に頼っている現状が経済を悪化させているとも嘆いた。

「原油の製油所が不足しているんだ。だからガソリンを高い値段で輸入しなければならず、それがナイジェリア市民の生活を圧迫している。汚職で腐敗した政府も保身に回るばかりで、市民の幸せを考えていない。この国に展望はないよ。私には妻と子供が3人いるけど、全員一緒に海外に行けるならもうナイジェリアには戻ってこないね」

ナイジェリアでは、国営の製油所4ヶ所がメンテナンス不足で稼働していない。このため原油を輸出し、ガソリンなどの石油製品を輸入せざるを得ない状態で、外貨が不足している。おまけに新型コロナの蔓延《まんえん》に伴う油価の下落などで2020年はマイナス成長に突入し、その後はやや回復したものの低成長に留まっている。この影響で、食品を中心に物価が大きく上昇した。

ビューティーサロンなどを経営する起業家の女性（34歳）は、早口でこう捲《まく》し立てた。

「この国は本当に停電がひどいの。ここ1週間は3日間も停電したわ。しかもなんのアナウンスも謝罪もない。隣国のベナンはきちんと電力が供給されているというのに。物価もここ数年で上がってしまい、国内を旅行するのも以前の3〜4倍も値がかさむの。次期大統領にはこの状態をなんとか改善してほしい」

停電については、私もホテルで何度も経験した。アダム教授と一緒に夕食を食べている時ですらいきなり真っ暗になり、スマホのライトで凌《しの》いだ夜もある。日中に停電が発生すると、レオンの下宿先のように部屋が蒸し風呂状態になる。

ナイジェリアでは配電会社の経営が厳しく、国内需要の電力量を満たすには程遠い状況が長年、続いている。この慢性的な電力不足問題に対し、政府もこれまでに取り組みを進めてきたが、依然として解消されていない。

さらにこの大統領選挙期間中は、市場に出回る現金までもが著しく不足していた。中央銀行が選挙前、高額紙幣を新紙幣に切り替えたにもかかわらず、十分な量の新紙幣を印刷していなかった。市民の手元には現金がなくなり、各銀行のATMには長蛇の列ができ、我先にと現金を求める人々の間では喧嘩も起きた。私もナイジェリア滞在期間中、現金を一度も手にする機会がなく、買い物や飲食店での支払いはすべて、同行してくれたアダム教授に立て替えてもらった。支払いはクレジットカードや口座振り込みになってしまうため、いちいち時間がかかる。冷房の効かないスーパーのレジに長い時間並ぶだけで、体から汗がどっと噴き出し、とにかく買い物はどこへ行くにもうんざりだった。そんな混乱の最中に、大統領選が行なわれていたのだ。

「政府には失望しているし、誰に投票したって同じだよ」

呆れたような表情で語るレオンはこう続けた。

「ロマンス詐欺を続けることに罪の意識はあるんだけど、生きていくためだから仕方がないよ。それに先進国のクライアントからお金を集めても、彼らは政府が支援をしてくれるだろうから、支援が見込めない僕たちよりは困らないはずだ」

根底にあるのは、途上国と先進国の間に横たわる不公平感だろうか。

米シンクタンク、ブルッキングス研究所が世帯調査や国際通貨基金（IMF）のデータからまとめた統計を基に、世界の貧困人口を公表している調査機関「ワールド・ポバティ・クロック」によると、1日当たりの生活費が1・9米ドル（約250円）未満という極貧状態で生活する層は、ナイジェリアで現在、約7130万人に膨れ上がっており、世界で最も多い。母数となる人口が約2億1000万人もいるためだが、このうち約32％、3人に1人が極貧層なのだ。

それを裏付けるかのように、ラゴス市内を車で移動していると、かなりの頻度でスラムに遭遇した。フィリピンで見慣れていたとはいえ、その数はナイジェリアのほうがずっと多い。ラゴス湖の西側には「マココ」と呼ばれる、水上スラムが広がっており、漁師とその家族たちが住んでいた。湖といっても、住民たちのゴミ捨て場で、ペットボトルやビニール袋が濁《にご》った水面に散乱し、異臭を放っていた。確かにナイジェリアの貧困問題は、肌感覚でも厳しかった。前出の調査結果によると、隣国のチャドでは極貧状態で生活する層が約708万人、ベナンでは約500万人、ガーナは約300万人に上る。ナイジェリアに比べれば桁違いに少ないが、それは母数となる人口が同じく少ないためで、割合でいえばベナンは人口の約40％が極貧状態だ。つまり同じ西アフリカでもナイジェリアだけが極貧というわけではないのだ。

にもかかわらずナイジェリアがロマンス詐欺の温床になっているのは、元々、詐欺が横行していた歴史的背景や英語圏であること、そして貧困といった複数の要素が絡み合った結果とみられる。貧困が主な理由ではないが、詐欺が横行する1つの要因になっているのは間違いないだろう。

一方の「クライアント」が住む先進国では、そこまで厳しい現実には直面していない。

日本でも貧困はすでに社会問題化しているが、レオンをはじめヤフーボーイたちには、どれだけその深刻さを伝えてもピンとこないはずだ。

その日本国内で23年1月、海外からのスマホによる遠隔操作で、強盗事件が相次いだ。犯行グループは「ルフィ」の名を使い、活動拠点であるフィリピンから日本国内の実行犯に指示を出していた。この一連の強盗は、東京都狛江市で90歳の女性が殺害される事件にまで発展。その主犯格とされる渡辺優樹（38歳）、今村磨人（38歳）両容疑者ら4人は同年2月上旬、日本に強制送還された。スマホ1台を使って犯罪に関わるという点では、レオンも渡辺容疑者らも同じだ。だが、渡辺容疑者らが「自分の生活のために犯行を指示した」などと供述することは、まず考えられない。それは日本の生活水準があってのことだ。ところがナイジェリアという地においては、「生活のためには仕方がない」と涼しい顔で口にするヤフーボーイがいる。それがたとえ言い訳だとしても、海を越えた遥か遠く西アフリカの大地には、日本の常識や物差しでは説明がつかない、その国特有の社会病理が埋もれているのだ。

サイバー犯罪と貧困の相関関係について、アダム教授に問うと、こう述べた。

「貧困は、犯行グループの仲間から共犯になるよう誘いがあった際に、加担する抵抗力を弱める可能性はあるでしょう。だが、動機としては弱い。それよりもむしろ、サイバー犯罪に関わっている友人や仲間から誘われるといった環境が身近にあることや、グリード（強欲）のほうが動機としては強いと考えています」

この言葉を聞いて、私は筑波大学で出会ったイケンナさんの確信に満ちた表情を思い出した。

「僕だって貧しい家庭の出身だよ。でもヤフーボーイにはなっていない。確かにナイジェリアは大学を卒業してもなかなか仕事に就けない。ゆえにヤフーボーイから『一緒にやらないか？』と誘われれば、易《やす》きに流れてしまう環境はあるだろう。だが、貧困が主要因ではない。一番の理由は、グリード（強欲）だろう」

そう語るイケンナさんは「グリード」という英単語を3回繰り返して強調した。アダム教授と同じ意見なのは、偶然ではないだろう。

第3章の沙也香から1000万円を詐取した中国人男性は、沙也香が騙されたのは「グリード」が原因だと言い切った。だが、この両者における「グリード」は同じ意味合いを持っているだろうか。犯人は「欲」が原因で犯行に及ぶのかもしれないが、被害者は「欲」が原因で騙されたのではなく、犯人から金銭欲を掻き立てられたのだ。特に暗号資産への投資を促される投資詐欺では、模擬取引で〝儲かっている〟と錯覚させられ、「こんなに楽して稼げるのなら……」という気分に陥ってしまう。犯人もそれを分かっているから、被害者の内なる「欲」を喚起しようとしているのではないか。

## 「天国」である理由

国際ロマンス詐欺がナイジェリア国内で横行してきた経緯を改めて辿る。

アダム教授は、サイバー犯罪をテーマにした論文の結論で次のように書いている。

「ナイジェリアという国の環境は、サイバー犯罪を助長する天国である」

そのきっかけはすでに述べた通り、王族や政府高官を装った人物から手紙やファクスが届く「419詐欺（ナイジェリアからの手紙）」が横行した1980年代に始まる。元々、海外を標的にした詐欺の土壌はあったわけだが、ネット社会への移行に伴い、それはさらに「進化」した。

ナイジェリアでインターネットが普及し始めたのは2000年に入ってからだ。街にはネットカフェが次々と開店し、学生を中心に若者たちの溜まり場と化した。ネットカフェに入ると、店員がメアド作成の補助をしてくれ、それまで流行《はや》っていた「ペンパル」に代わり、外国人とのやり取りがスムーズになった。アダム教授が語る。

「若者たちはヤフーチャットで外国人の友達を作りたかった。ところが出身を尋ねられ、『ナイジェリア』と答えた途端、相手からの反応がなく、そこで連絡が途絶えてしまう。彼らはアフリカの黒人には興味を示さないんだ。これが個人情報の窃盗につながった」

黒人差別が別人への成りすましの糸口になったというのだ。このＩＤ偽造が、外国人を相手に恋愛感情を抱かせるロマンス詐欺に発展したようだ。だが、当時は今のように国境を越えた送金が容易ではなかったため、ナイジェリア人たちは知恵をはたらかせて海外からの送金を可能にする手口を生み出した。アダム教授が解説する。

「当時のナイジェリア国内では、米国内で発行されている小切手を入手することが可能でした。その原本をもとに、シリアル番号を変えた小切手を数十枚偽造し、それを原本と合わせて米国にいるクライアントに郵送する。その際、偽造した小切手はカーボン紙に巻いて封筒に入れ、さらに人間の髪の毛で包んで箱に入れて送ると、空港の手荷物検査を通過できたのです。それを受け取ったクライアントが銀行で現金化し、ナイジェリアに銀行送金してもらっていました。犯人から聞いた手口です」

偽造された小切手がそんなに簡単に米国の銀行で現金化できるのだろうか。

「クライアントは高齢者。だから銀行では偽造小切手を見せてもそんなに問い詰められず、現金化できたのです。もちろんクライアントも偽造であることは知らない。犯行を繰り返していたナイジェリア人たちは、相当、頭がキレるよ」

今から20年以上も前の手口ゆえ、現在はおそらく通用しないだろう。

07年には、ヤフーボーイをテーマにした曲「Maga don pay」(「支払ってしまった被害者たち」の意)がリリースされ、たちまちヒットした。

「ヤフーボーイについての歌が次から次へとリリースされ、受賞もしている。そうした曲が有名になり、賞を与えられてしまうという文化的背景も、若者たちが無意識にサイバー犯罪を受け入れる社会を作ってしまったのだと思います」

これに加えてハッシュパピーのような〝成功例〟が、若者たちに刺激を与えた。スラム育ちから富豪へ転身した彼の〝光輝く〟姿に感化された若者たちには、大学を卒業して真面目に働くよりも、サイバー犯罪によって一攫千金を成し遂げた人生のほうが魅力的に映ってしまうのだ。

法的な問題も大きい。

ナイジェリアの刑法419号は詐欺を取り締まる法律だが、00年代初頭にサイバー犯罪が増え始めて以降、政治家たちは長らく、法整備を進めてこなかった。ようやくサイバー犯罪取締法が成立したのは15年で、その間に、サイバー犯罪はすっかり若者たちに普及してしまったと、アダム教授は指摘する。

「政治家も捜査機関も、サイバー犯罪の深刻さを全く理解していなかったんです。それが取締法の成立までに時間がかかった原因です。たとえばインドでは、サイバー犯罪を取り締まる法律が00年に成立してから、その時々に応じて改正されている。ナイジェリアでは成立以降、すでに7年が経過していますが、未だに改正されていません」

法律だけでなく、それを執行する警察の腐敗体質にも問題がある。

「警察は犯人を捕まえても、外国人から詐取したお金を賄賂として渡されたら、釈放してしまいます」

サイバー犯罪を取り締まる捜査機関には、02年に設立された経済金融犯罪委員会（EFCC）もある。過去には政治家から賄賂を受け取ったとして捜査員が有罪判決を受けるなど、その腐敗体質はメディアで何度も報じられてきた。サイバー犯罪に関しても、あるヤフーボーイがEFCCの捜査員に賄賂を持ちかけた疑いで逮捕されたという報道もあった。EFCCにおけるヤフーボーイからの収賄疑惑について、アダム教授はこう見ている。

「個人的には聞いたことはないが、可能性はあるだろう」

誤解のないように説明しておくが、ナイジェリアだけでなく、途上国における捜査機関のこのような体質は、特に珍しい話ではない。HK（養成スクール）を経験したビクトルは、私の取材にこう言い切った。

「警察やEFCCは怖くもなんともないよ。だってお金を支払えば見逃してくれるから」

前出のラゴス州警察の捜査員にこの発言をぶつけてみると、こう返ってきた。

「それは嘘だ。そのヤフーボーイの携帯番号を今すぐによこせ」

もっとも、捜査当局が「お金をもらえば釈放する」などと認めるはずがない。

ルフィ事件で日本のメディアから非難の集中砲火を浴びた、フィリピン入国管理局の職員たちは、現金をもらう見返りに、携帯電話の使用だけでなく、収容所内への酒やゲーム機の持ち込み、ギャンブルでさえも黙認していた。各国からやってきた逃亡犯が、現金と引き換えに拘束を免れる可能性もあるほどだ。

ドイツの首都ベルリンに拠点を置く反汚職団体「トランスペアレンシー・インターナショナル」が発表した2022年の「腐敗度指数」ランキングによると、調査対象となった180カ国・地域中、フィリピンは116位で、ナイジェリアはさらに腐敗している150位。日本は18位だった。

ナイジェリアはサイバー犯罪にとって天国——。

政治的にも文化的にも染み付いてしまったこの状況が、一朝一夕《いっちょういっせき》に改善することはないだろう。

## 日本人のクライアントは?

人混みの多いラゴスの街並みは、活気と喧騒に溢れていた。

たらいにペットボトルを敷き詰め、頭の上に載せて売り歩く女性たち、パラソルの下で生魚を路上販売している笑顔のおばさん、カメラを向けると無邪気に集まる子供たち、交差点に待機している物乞い……。

抜けるような青空からじりじりと照り付ける太陽を背に、そんな雑踏を車で駆け抜けると、同乗しているアダム教授が若者たちを見つけてはこう口にする。

「彼らはヤフーボーイだよ」

すれ違う車や乗っている若者たちの服装、風貌などから一発で判別できるそうだ。前述の通り、「若者が10人いたら、8人はサイバー犯罪に関与している」とラゴス州警察の捜査員が発言してしまうほど、ナイジェリアにはヤフーボーイたちがはびこっているのだ。

ラゴスに滞在した10日間で、私が取材をしたヤフーボーイは10人ほどだ。インタビューの中で、彼らに必ず聞いた質問がある。

「日本人のクライアントはいますか？」

「日本人のクライアントとやり取りしているヤフーボーイを知っていますか？」

しかし誰一人として首を縦に振った者はいなかった。ヤフーボーイたちは仲間の動向も把握しているため、「日本人から金を詐取した」となれば、その情報はたちまち広まるだろう。前出の捜査員でさえ、こう答えるにとどまった。

「毎月平均5〜6人はヤフーボーイを逮捕している。彼らがお金を騙し取った相手は米英、オーストラリア、カナダなど主に欧米出身の外国人で、日本人は聞いたことがない」

ラゴスのスラムに広がる市場は
庶民たちでごった返していた

もっとも、これはあくまで私が調べた範囲での話だ。ナイジェリアの他の地域で同じ聞き込みをすれば、また違った回答が得られたかもしれない。それでも、ナイジェリアで最も人口が集中しているラゴス（約1500万人）を管轄する警察、サイバー犯罪研究の第一人者であるアダム教授、ヤフーボーイたちに聞いても、日本人クライアントの存在が確認できなかったことから、ヤフーボーイが日本人を含むアジア在住の人々を対象にしていないという傾向が導き出せるのではないか。

一方で、私が自ら騙されてみた「ジェニファー」ことフランシスの存在がやはり気になる。彼は、日本人である私のフェイスブックに連絡をしてきたのだ。フランシスはナイジェリア国内で、日本人をクライアントに持つ少数派だったのか。

はっきりした答えが出ない中、前出のレオンが、こんなことを言い出した。

「僕の兄は2年前にしばらくガーナに行っていました。中国人をターゲットにするロマンス詐欺の手口を学びにいくと話していた。だから同じアジア地域の日本人をクライアントに持つボーイたちが、ガーナにいる可能性はあるかもしれません」

レオンの兄はどうやら、ガーナにあるＨＫ（養成スクール）でアジア系の国々を対象にした詐欺の手口を習得したというのだ。

ガーナには２０１８〜19年ごろ、日本人のクライアントを標的にロマンス詐欺を繰り返していた犯行グループが暗躍していた。その指示役とされたのが日本人の無職、森川光被告（59歳）で、２０２２年8月に現地で逮捕され、日本へ送還、詐欺罪などで起訴された。

森川被告はグループのメンバーと共謀し、米国人の女性兵士や女医になりすまし、恋愛感情を抱かせて男女69人から総額4億９０００万円を騙し取った疑いが持たれている。同年10月に大阪地裁で開かれた初公判では、「一切知りません」と起訴内容を否認した。
それから2ヶ月後の同年12月半ば、私は大阪地裁第101号法廷の傍聴席にいた。

職員2人に連れられて入廷した森川被告は、ジーパンにグレーのフリースといったラフな格好で、手錠と腰縄を外された後、ゆっくりした足取りで証言台に座った。検察から公訴事実が読み上げられる。

「被告人はインターネットを通じて知り合った相手に、架空の人物に恋愛感情を抱かせた上、金銭を騙し取ろうと考え、○○○（共犯者の名前）らと共謀の上、○○○（被害者の名前）に対し、架空の人物であるアメリカ合衆国女性軍人になりすまし……」

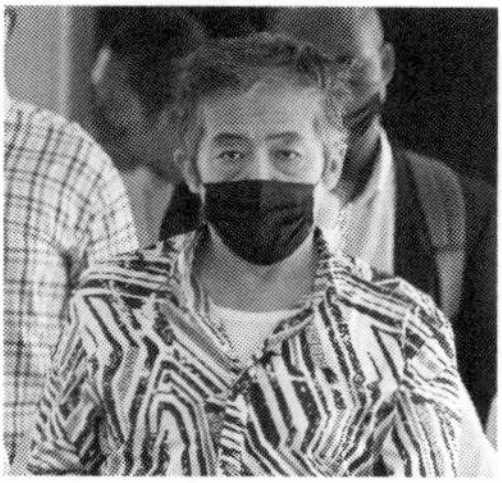
日本に送還される森川光被告（産経新聞社提供）

朗読が終わると、森川被告は裁判長から事実か否かを尋ねられ、静かな口調で答えた。

「ええっと、騙し取ろうと考えたことは全くない。恋愛感情を抱かせたこともないし、それからその人とコンタクトを取ったこともない。（被害者に）振り込ませたことはないが、振り込み口座はコフィ・ボアティンに伝えた」

森川被告が言及したナナ・コフィ・ボアティン容疑者（33歳）は、ガーナ人男性である。犯行グループの主犯格とされ、米国に潜伏している可能性があるとして、大阪府警から国際指名手配されている。続く追起訴状が朗読された時も、森川被告はボアティンの名前を出し、こう説明した。

「振り込み口座に関してコフィ・ボアティンに伝えたことは事実です」

「振り込まれたお金は彼に渡しています」

被害者から現金を詐取していないことを強調したいのだろう。その後も、追起訴状の朗読は続き、森川被告が否認するといったやり取りが繰り返された。

私は森川被告が勾留されている大阪市内の警察署へ足を運んだが、接見禁止の措置が出されていた。起訴内容を否認している上、共犯者がいるためだ。

森川被告以外にも、送金役の日本人やガーナ人など17人がこれまでに大阪府警に逮捕され、組織的な犯行の実態が浮かび上がっている。

私が取材した限りでは、ナイジェリアには日本人を標的にしたヤフーボーイはそれほど多くないとみられ、大半が欧米を狙い撃ちしている。いずれも単独犯で、アダム教授も「サイバー犯罪は単独犯が多い」と語っていることから、日本人を対象にした組織的な構造は見えない。

だとすれば日本人被害者が多く出た背景には、ガーナのこのグループによる組織的な犯行が一役買っている可能性が高い。あるいはこのグループとは別に、日本人を標的にしている単独犯やグループもいるのかもしれない。その実態を解明するにはやはり、森川被告の証言が決め手になりそうだが、真相はその後も法廷でなかなか語られなかった。

## 謎の黄色い液体

ナイジェリアでヤフーボーイの取材を始めてから、いわゆる成功者、つまり詐欺で大金を詐取した「大物」にはまだ出会っていなかった。ハッシュパピーとは言わないまでも、それなりに羽振りのよいボーイはいないのだろうか。該当する元教え子にアダム教授が連絡を取ったが、電話はつながらず、返ってきたメッセージは微妙な反応だ。いよいよ雲行きが怪しくなってきたと思ったら、ついにその彼からメッセージが届いた。

白を基調にしたモダンで大きな家々が、遠くに建ち並んでいるのが見える。スラムが多い地域から走ってくると、景色がまるで一変したようだ。アダム教授が運転する車は、ラゴス州中南部のレキ市に入っていた。ラゴス市の東に隣接する自治体で、富裕層が住む高級住宅街でもある。正面ゲートを抜け、その一角にある住宅街へ入った。広々とした車道の両側に高い塀が続き、とある門の前で車が止まった。

「これからここに来るはずだ。今日は会えるから大丈夫だよ」

アダム教授が確信に満ちた表情で語った。

私たちは、元教え子の家に来ていた。大金を詐取したヤフーボーイたちはどこで、どんな暮らしを送っているのか。その実態をこの目で確かめてみたかった。アダム教授が厳しい表情で言う。

「リッチなヤフーボーイたちは保身に回るから、学生たちのように話してくれないかもしれない」

待つこと1時間弱。真っ白なレクサスがゆっくりと速度を落として曲がった。車窓からその彼、ジョセフ(仮名、27歳)が顔を出し、白い歯を見せた。車はそのまま門を通過し、私たちも後を追うように続いた。1軒の家の前で止まると、中へ案内された。

スリムな体型のジョセフはドレッドヘアで、耳には金色のピアスをしている。一緒にいる友人たちの太い腕にはタトゥー。その場にはジョセフを含めて若い男たちが4人いたが、皆、小綺麗な服装を身に纏っていた。黒人ラッパーのような格好だ。

ジョセフは大きな1軒家に住んでいた

玄関を入ってすぐのリビングルームは、天井までの高さが5メートルはあろうか。白い壁には大型テレビが設置され、その両側には壁をくり抜いたディスプレイ棚がいくつも並ぶ。それぞれ青と黄色のライトで照らされ、幻想的な雰囲気を醸し出していた。天井に埋め込まれたライトは虹色だ。冷蔵庫などの家財道具がほとんどないため、実に広々とした空間である。2階からは時折、目のぱっちりした、グラマーな若い女性が姿を見せていた。

学生のヤフーボーイたちとは明らかに違った生活ぶりだ。

私たちはソファに座り、ジョセフら3人と向き合った。彼らと会うのは学生の時以来、4年ぶりだというアダム教授は、いささか緊張した様子で、まずは私を紹介してくれた。国際ロマンス詐欺の取材をしていること、アダム教授の論文を読んでラゴスに来たことなどだ。少し落ち着いたところで、ジョセフに話を聞こうとすると、どこからか黄色い液体が入ったペットボトルを持ってきて、それをテーブルの上におもむろに置いた。

「大麻草（マリファナ）を水に溶かした液体だよ」

ジョセフはそれを飲みながら話を始めた。サイバー犯罪を覚えたのは今から4年ほど前のことで、やはり大学生の頃だったと語る。

「最初はロマンス詐欺でした。でも僕は大学の勉強があったから、そんなに時間は割いていないよ。やり取りができたクライアントは米国人男性1人だけ。クライアントを4〜5人抱えている若者もいるけど、僕は勉強で忙しくてそんな余裕がなかったから」

ジョセフの両側には友人が座り、無表情にスマホをいじっている。黙って聞いているのか、まるでこちらが監視されているような気分になった。

「ヤフーボーイの中には、偽アカウントと本物の両方を持っていて、その時々で使い分けている者もいるんだ。オンラインで拳銃を販売すると称して現金を騙し取る手口もあるよ。あとは車販売の手口も……」

詐欺の手口について一般的なことを話し始めるジョセフ。一通り終わったところで、学生時代にロマンス詐欺でいくら稼いだのか尋ねると、こう答えた。

「それは分からない。というのは、毎週お金を送る約束のようなものを交わしたんだ。でもそれがいくらだったかなあ。送金は長期間続いたよ」

ロマンス詐欺の手口をベースに、小切手を使ってクライアントから大金を引き出す「ローディング」と呼ばれる高度な手口がある。ジョセフはそれにも手を出したが、共犯の仲間に裏切られ、自分の取り分が入らなかった苦い経験があると語る。以来、ロマンス詐欺は止め、暗号資産への投資に切り替えた。

「信頼していた仲間が取り分をよこさなかったら、僕の収益はゼロ。最近のヤフーボーイたちはどんどん貪欲になってきたから、そういうことが起きるんだ。だから他に稼ぐ方法を考えないといけないと思い暗号資産を始めました」

ジョセフはドバイへ行き、知人から暗号資産への投資方法を学んだという。

「ある人物が僕にノウハウをすべて教えてくれたんだ。だから今は暗号資産に没頭している。外国為替みたいなもんで、ロマンス詐欺と違って法的には問題ないよ。今は仲間と一緒に暗号資産に投資し、それで稼いでいます」

暗号資産でいくら稼いだのか。暗号資産への投資名目でクライアントから金を騙し取ったことはないのか。今はロマンス詐欺から完全に足を洗ったのか。色々と質問をしたかったが、何しろ、ジョセフの両側にいる友人2人があまりにも無口すぎて返って不気味で、込み入った話がしにくい。聞いていないようで聞いているはずなのだ。だから色々と突っ込むとどちらかから制止されそうで、早く帰れと言わんばかりの無言の圧力すら感じる。

私はアダム教授と顔を見合わせ、適当なところで切り上げた。

最後に、後ろ姿だけでも写真を撮らせて欲しいと伝えた。するとジョセフの友人が、しかめっ面をした。

「それはダメだ。俺たちは今日、お金をもらっているわけではないんだ。そこの先生との信頼関係があるから、ジョセフにインタビューに応じてもらっただけだ。その上、写真も撮るのはちょっといただけないよ」

それでも一か八かでもう一度お願いすると、渋々承諾してくれた。伝えた通り、リビングの階段付近に立ってもらい、後ろから撮影した。

礼を言って私たちは、ジョセフの家を後にした。

運転席でハンドルを握りながら、アダム教授が興奮冷めやらぬ様子で語った。

「サイバー犯罪の研究を続けてきて、今日初めて恐怖を感じたよ。僕の知らないヤフーボーイもいたから余計にね」

平日の真っ昼間から、大麻草が溶けた液体を飲み続けるヤフーボーイたち。彼らはほかに、「ELLE」（エレ）と呼ばれる、同じく大麻入りのソフトドリンクを、パーティーの時などに飲んでいる。

外国人を標的に現金を騙し取り、その金で大麻を買い、パーティーで踊り狂う。もちろん、質素な学生ヤフーボーイも数多いるため、ハッシュパピーのような存在は一握りかもしれない。それでもヤフーボーイたちは捜査の網の目に引っかかることなく、平然と生きられているのだとすれば——。

そこはやはりロマンス詐欺犯たちにとっての天国に違いない。

エピローグ

「金持ちのヤフーボーイには会えたかい？」

ナイジェリアから帰国後、筑波大学のイケンナさんに取材の成果を手短に報告すると、そんな問いが返ってきた。私はジョセフたちと会った時の印象を伝えた。腕にはタトゥーを入れ、金のネックレスにイアリング、そしてマリファナ入りの黄色い液体……。

「だから言ったでしょ？　ヤフーボーイになるのは貧困が主な要因ではないんだ」

つまりは貧困が主な理由なら、詐欺で得たお金を少しでも将来の道につなげるため、ビジネスなど前向きな方向に使っているはずだが、マリファナに浪費している時点で「論外」だとイケンナさんは言いたいのである。ただ、私が接したヤフーボーイの学生たちは、決して裕福とは言えない生活をしているのも事実だった。繰り返すまでもないが、貧困が犯罪の理由になるべきではない。だが、彼らに接してみると、正論だけでは語れないナイジェリアの事情も浮かび上がってきた。

とはいえどこまで彼らの実情に迫れただろうかと、日本に帰国してあらためて感じる。ヤフーボーイ、特に学生たち1人1人による犯行の手口や倫理観、生活ぶりについては垣間見られたが、ハッシュパピーのような組織的な犯行の実態までは解明できなかった。アダム教授の人脈をもってしても、難しかっただろう。そんなことを考えていた折、日本側でその糸口を掴めるような展開が待っていた。

ナイジェリア取材から約2ヶ月後の4月27日、大阪地裁第101号法廷。

証言台に座った森川被告は、検察から読み上げられた追起訴状について問われると、「直接的に誰かを騙そうとか、恋愛感情を抱かせたりしたことはない」とこれまで通りの主張を繰り返したが、この日は、新たな証言を口にした。それは共犯者で、主犯格とみられるナナ・コフィ・ボアティン容疑者について言及した時だ。

「ナナ・コフィが何かしらおかしなことをしているのは認識していた。彼もエージェントに過ぎず、その先の人間がいますから。その連中が怪しいのは感じていた。ガーナとナイジェリアの連中だと思うんですが、彼らがやっていたことには一切関与していません」

やはりナイジェリア人もこの組織に関与していたのか。しかも背後にはまだ複数の犯人がいて、黒幕の存在もちらつく。森川被告は、ガーナの首都アクラでナナ・コフィと一緒にアパートに住み、被害者に振り込ませる「貸し口座」を彼に伝えていたという。

「振り込みできる口座があるかどうか聞かれ、日本（の知人）に確認してその口座をナナ・コフィに伝えていました。（犯行の途中で）トラブったりした時に、その連中に拳銃で脅されたこともあります」

ナイジェリア人とガーナ人、そして森川被告ら複数の日本人が関与する、国際ロマンス詐欺の組織的犯行グループの存在――。黒幕を含む、摘発を逃れた一部の犯人たちは、今も日本人を標的に犯行を繰り返している可能性がある。

もっともこの組織だけでなく、国境を越えた組織的な特殊詐欺はよりグローバルに展開されている。カンボジア南部のシアヌークでは中国人の犯罪集団によるロマンス詐欺への関与が明らかになり、森川被告が新証言をした公判の約2週間前（4月11日）には、同じくシアヌークで特殊詐欺に関与した日本人男性19人のグループが日本へ送還された。そしてルフィ……。彼らのような国際犯罪組織を摘発するため、日本の警察は今後、海外の治安当局とこれまで以上に連携を取る必要性が出てくるだろう。

被害者は今も増え続けている。彼ら、彼女らが心境を綴っているツイッターをのぞいてみると、被害者の「ご新規」が次々とアカウントを作成している。

2018年初夏に「国際ロマンス詐欺」という言葉を耳にしてから早5年が過ぎた。その間に私が出会った被害者は十数人。中でも、最初に取材した被害者の中年女性が、目を輝かせて語っていた時の表情が忘れられない。

「すがるものが何もなかった私は、本当に信じ込んでしまいました。こんなに私のことを思ってくれているんだと、優しい言葉の数々に救われたんです。目の前にハートマークがたくさん飛んでいましたね」

そう言って彼女は、両手でハートマークを作り、顔の前でひらひらとさせていた。

「今まで『I LOVE YOU』とか情熱的に言われたことがなかったので。日本の男性はそんなこと言ってくれないですよね？　その落差にハマりました」

薔薇色の人生まであと一歩。だが、彼女は疑念を振り払うことができず、最後の最後で踏みとどまった。踏みとどまることができなかった被害者たちは、次から次へと搾り取られ、奈落の底へ突き落とされた。

私の取材を通じて、自身に対する母の気持ちを知った第1章の香奈は、こう述べた。

「私には直接言えなかったんだと涙してしまいました。被害発覚から1年、必死に働いてきましたが、たまたま仕事のことで気分が落ち込んだ時、母を巻き込んで迷惑をかけてしまったという後悔で、すごく自分を責めました。今はまた頑張るほうへ気持ちが向いてきたので、なるべく母を楽にできるよう仕事をしていくつもりです」

4600万円を注ぎ込んだ第3章の美穂からは、知り合ってからちょうど1年後の2023年3月、自己破産が成立したと連絡があった。

「申立から結局、1年もかかってしまいました。長すぎますよ。でも成立してホッとしました。成立しなかったら、どういう仕事をして借金を返していけば良いのか、考えると怖くなって」

トータルで1100万円を失い、「死ね死ね」と恨みつらみの言葉を残した第3章の沙也香も同じく自己破産が成立した。それを機に彼女は「被害に遭った過去を消し去りたい。

もう見るのも嫌だ」とツイッターの使用を停止した。

自称、台湾人の宗介に騙された第2章の和美は、被害発覚からおよそ1年後、こんなLINEメッセージを私にくれた。

「この1年、借金の返済日がくる度に凹みますが、なんとか頑張って生きています。忘れたいという気持ちもありますし、いつまでも過去に囚われていても仕方がないかなとも思って過ごしてきました。でも起きてしまったことは消せないですし、とにかく借金返済をしながら新たにスタートです」

被害者たちは、借金返済と人間不信という二次被害を背負いながら、そして時にはやり場のない怒りを抱えながら、切ない日常を少しでも前向きに生きている。そんな被害者の心情を知ってか知らずか、遠く離れたナイジェリアではヤフーボーイたちが今日も着々と、友達申請に励んでいるのだろう。

「Hi! How are you?」

## 主要参考文献


●島田周平『物語 ナイジェリアの歴史 「アフリカの巨人」の実像』(中公新書、2019年)
●今井和彦『ナイジェリア駐在の思い出―西アフリカの超大国に暮らして』(近代文藝社新書、2015年)
●クワイ・クァーティ著、渡辺義久訳『ガーナに消えた男』(早川書房、2022年)
●新川てるえ『国際ロマンス詐欺被害者実態調査――なぜだまされる?! 国際ロマンス詐欺のマインドコントロール』(NPO法人M-STEP、2019年)
●山田昌弘、白河桃子『「婚活」時代』(ディスカヴァー携書、2008年)


## 謝辞


本書の取材、執筆にあたりましては、被害者の方々をはじめ、多くの人々にご協力をいただきました。日本では被害者の救済を目的に活動するNPO法人CHARMSの新川てるえ代表理事、そして東京投資被害弁護士研究会の金田万作弁護士と立正大学の西田公昭教授に、ナイジェリアでは、ヤフーボーイについて多くのご協力をいただいたアダム教授、JETROラゴス事務所の谷波拓真所長に一方ならぬご尽力をいただきました。この場を借りて御礼申し上げます。

水谷竹秀［みずたに・たけひで］
1975年、三重県生まれ。ノンフィクションライター。上智大学外国語学部卒。2011年、『日本を捨てた男たち　フィリピンに生きる「困窮邦人」』で第9回開高健ノンフィクション賞を受賞。他に『脱出老人フィリピン移住に最後の人生を賭ける日本人たち』『だから、居場所が欲しかった。バンコク、コールセンターで働く日本人』など。10年超のフィリピン滞在歴をもとに「アジアと日本人」について、また事件を含めた現代の世相もレポート。2022年3月下旬から5月上旬までウクライナに滞在し、戦地を取材した。

編集：間宮恭平

# ルポ　国際ロマンス詐欺

二〇二三年六月六日　初版第一刷発行

著者　水谷竹秀
発行人　三井直也
発行所　株式会社小学館
〒一〇一－八〇〇一　東京都千代田区一ツ橋二ノ三ノ一
電話　編集：〇三－三二三〇－五九五五
　　　販売：〇三－五二八一－三五五五
印刷・製本　中央精版印刷株式会社
本文DTP　ためのり企画


Printed in Japan ISBN978-4-09-825452-1